_____ 님의 소중한 미래를 위해
이 책을 드립니다.

6주 만에 끝내는
공황장애 치유법

6주 만에 끝내는

공황장애 치유법

김영화 지음

**코로나시대,
마음이 위험하다**

메이트북스

메이트북스 우리는 책이 독자를 위한 것임을 잊지 않는다.
우리는 독자의 꿈을 사랑하고,
그 꿈이 실현될 수 있는 도구를 세상에 내놓는다.

6주 만에 끝내는 공황장애 치유법

초판 1쇄 발행 2020년 10월 5일 ┃ **지은이** 김영화
펴낸곳 (주)원앤원콘텐츠그룹 ┃ **펴낸이** 강현규 · 정영훈
책임편집 안정연 ┃ **편집** 유지윤 · 오희라 ┃ **디자인** 최정아
마케팅 김형진 · 차승환 · 정호준 ┃ **경영지원** 최향숙 · 이혜지 ┃ **홍보** 이선미 · 정채훈
등록번호 제301-2006-001호 ┃ **등록일자** 2013년 5월 24일
주소 04607 서울시 중구 다산로 139 랜더스빌딩 5층 ┃ **전화** (02)2234-7117
팩스 (02)2234-1086 ┃ **홈페이지** www.matebooks.co.kr ┃ **이메일** khg0109@hanmail.net
값 15,000원 ┃ **ISBN** 979-11-6002-301-5 03180

이 도서의 국립중앙도서관 출판시도서목록(CIP)은 e-CIP홈페이지(http://www.nl.go.kr/ecip)에서
이용하실 수 있습니다.(CIP제어번호 : CIP2020038855)

살아 있는 모든 인간은
자기 삶의 수준을 개선하려는 기대가 높으면 높을수록
피할 수 없는 불안이란 것과 함께 가야 하는 운명이다.
생존에 가장 적합한 사람은 불안에 떠는 사람일 수도 있다.

• 알랭 드 보통(스위스 소설가) •

코로나19 트라우마
이기는 법

코로나19 팬데믹^{pandemic}을 경험하면서 많은 사람이 불안과 공포를 느낍니다. '불안하고 우울하다', '걱정으로 잠을 못 이룬다'고 호소하는 분들도 늘어나고 있습니다. 코로나19 팬데믹이 전 세계 사람들의 사회생활과 경제생활, 문화생활에 미치는 영향이 워낙 크다보니 코로나 전^{BC-before corona}과 코로나 후^{AC-after corona} 시대를 나누어야 한다는 말도 생겨났습니다.

사회적 거리두기의 생활화로 많은 사람이 고립감을 느끼고 있습니다. 병에 감염될 수도 있다는 걱정으로 스트레스가 늘면서 감정적인 탈진과 불안감을 호소하는 사람들도 많아지고 있습니다. 코로나19 팬데믹을 겪으며 이미 많은 사람이 불안과 고립감으로 힘들어합니다.

사람들이 살아가면서 부딪칠 수 있는 큰 스트레스 중 하나는 예기치 못한 상황에서 갑작스럽게 신체적 위기에 처하게 되는 것입니다. 우리는 의학과 공중보건의 혁신적 발달로 모든 감염병을 이미 정복했다고 믿어왔습니다. 하지만 이번 코로나19 바이러스 감염으로 이런 믿음이 착각이었다는 사실을 깨닫게 되었습니다.

과학자들은 미래에는 코로나19에서 모습을 바꾼 새로운 전염병이 더 자주, 더 많은 지역으로 찾아올 수 있다고 예견하고 있습니다. 이런 미래에 대한 불확실성은 우리를 더욱 불안하게 만듭니다.

1918년 한 해 동안 감기(스페인 독감)로 전 세계에서 5천만 명이 사망했는데 이 사망자 수는 제1차 세계대전의 사망자 수보다 세 배나 많습니다. 하지만 우리는 이런 사실도 모두 옛일로 치부했습니다. 또다시 바이러스 감염으로 세상에 재앙이 찾아오는 일은 당연히 생기지 않을 것으로 여기고 있다가 코로나로 지구 곳곳에서 일어나는 일들을 지켜보며 많은 사람이 공황에 빠지게 된 것입니다.

코로나19 팬데믹은 사회 전반에 영향을 미칠 뿐 아니라 우리 정신건강에도 심각한 위협이 되고 있습니다. 1997년 우리나라에서 발생한 국제구제금융IMF 외환위기 사태는 20여 년이 지난 일이 되었습니다. 하지만 그 후 지금까지 우리나라는 경제협력개발기구(OECD) 국가 중 최고 자살률을 보이고 있습니다. 그때의 트라우마에서 완전히 벗어나지 못했기 때문입니다.

코로나 사태가 진정된다고 해도 예기치 못한 집단감염에 대한 위협적인 경험은 트라우마로 남아 불안과 우울의 정신적 후유증은 앞으로 상당 기간 나타날 수 있습니다.

사회적 고립감과 외로움, 건강에 대한 걱정과 스트레스 그리고 경제적 어려움은 모든 사람의 정신건강과 안녕에 큰 위협이 됩니다. 코로나 스트레스에 가장 취약한 그룹은 고립되어 있고 사별 경험이 있는 노인들일 것입니다. 일선에서 전염병과 싸우는 의료진도 상당한 스트레스를 견디고 있고, 특히 평소에도 정신적 어려움을 겪은 사람들은 그 어려움이 더 악화되는 고통을 느끼고 있습니다.

평소 청결한 것을 중시해 손을 자주 씻는 사람들은 강박적으로 손 씻기에 매달리게 됩니다. 걱정이 많은 사람들과 특히 건강을 염려하는 사람들은 건강 걱정이 더 많아져 작은 불편함을 느껴도 큰 병에 걸린 것처럼 건강을 걱정하게 됩니다. 평소 건강하다고 자신하던 사람들도 지금은 실시간으로 자신의 정신 건강을 주의 깊게 살펴보아야 합니다.

스트레스 반응은 생존에 꼭 필요한 것입니다. 스트레스로 인한 불안반응은 지극히 정상적인 것입니다. 하지만 한편으로 지나친 스트레스 반응은 사람을 병들게 합니다. 이 책에서는 지나친 스트레스 반응으로 생긴 불안을 스스로 조절하는 방법을 보여주고자 합니다.

세계적 베스트셀러 『해리포터』 작가인 조앤 롤링은 영국 퀸스병원에서 소개한 호흡법을 2주간 따라 한 뒤 코로나19 의심 증상에서 건강을 회복했다고 밝혔습니다. 숨을 깊이 들이마신 다음 5초간 참았다가 다시 내쉬는 이 호흡법은 '마법의 호흡법'이라고 불립니다.

병원에서는 폐렴이나 심장질환 또는 장시간 마취가 필요한 수술을 받은 후 호흡이 얕아지는 경우 폐활량을 늘리는 기구 Incentive spirometer를 이용해 깊은 호흡을 하게 합니다. 폐렴 예방과 치료를 위해 폐활량을 최대한 늘리는 것이 목적입니다. 폐활량기구가 없더라도 이 책에서 소개한 횡격막호흡 훈련으로 평상시에도 충분히 깊은 호흡을 습관화할 수 있습니다.

깊은 호흡법인 횡격막호흡은 폐 건강에 도움이 될 뿐 아니라 스트레스에 반응하는 교감신경의 긴장을 억제해 불안수준을 낮추고 마음의 평안을 찾는 데도 도움이 됩니다.

이 책에서 소개하는 근육이완법이나 호흡요법, 명상은 코로나 스트레스에 시달리는 우리 모두의 정신건강을 지키고 평안을 유지하는 데 도움이 됩니다. 또 우리가 부딪칠 수 있는 공황장애와 불안장애의 여러 유형을 보여주고 이런 불안을 해결하는 방법도 제시합니다.

독자들이 자신의 불안과 공황을 효과적으로 다룰 수 있는 방법을 이 책에서 찾기를 바랍니다.

차례

3장

공황장애와 불안장애, 약물치료는 어떻게 할까

많은 연예인이 공황장애를 앓는다는 사실이 알려지면서 공황장애는 이른바 '연예인병'으로 알려져 있습니다. 하지만 공황장애는 대중을 의식해야 하는 연예인뿐 아니라 스트레스에 시달리는 모든 사람에게 나타날 수 있습니다. 전체 인구의 5~8%가 일생에 한 번 이상 공황장애를 경험합니다. 타인의 시선을 의식하고 다른 사람에게 뒤처진다는 불안을 느끼며 살아가는 현대인은 공황장애에 노출되기 쉽습니다.

1장

공황장애에 대해
바로 알자

공황장애란
무엇인가

"제 병이 아무리 해도 치료되지 않아 마지막으로 교회를 찾아 하나님께 빌어보려 했는데 정신과가 눈에 띄어 혹시나 하고 들어왔습니다."

몇 년간 자신이 고통스러운 원인을 찾지 못해 괴로워하던 공황장애 환자들은 병원에 와서 이렇게 하소연하는 경우가 많습니다.

공황장애가 오면 가슴이 답답하고 어지러워 쓰러질 것 같고 심장이 갑자기 심하게 뛰어 이러다 죽는 게 아닐까 하고 극심한 공포를 느끼게 됩니다.

처음에는 심장이나 폐에 이상이 생긴 것으로 판단해 심장내과를 찾아가는 이들도 있습니다.

하지만 심장검사에서 아무런 이상을 찾지 못해 원인을 알 수 없는 병에 걸렸다는 공포심을 느끼고 이 병원 저 병원 찾아다니며 병원 쇼핑을 하기도 합니다.

이렇듯 원인을 알 수 없는 가슴 뛰는 증상을 예전에는 공황장애라는 진단 대신 '심장 불안증'이라고 했습니다.

그러다보니 공황장애는 진단을 내리기까지 시간이 오래 걸리는 경우가 많습니다. 공황발작에서 나타나는 특징적 신체 증상이 환자를 더욱 곤혹스럽게 합니다.

- 가슴 쪽에 통증이 느껴지거나 답답하다.
- 토할 것 같고 배가 아프다.
- 머리가 자주 멍하거나 어지럽다.

신체 증상은 언뜻 다른 신체질환과 비슷하기 때문에 환자들은 정확한 원인을 파악하지 못한 채 내과나 신경과를 찾아갑니다.

공황장애는 극심한 불안과 함께 두통, 현기증, 가슴 두근거림, 질식감, 호흡 곤란, 가슴 통증 등의 증상이 우발적 · 발작적으로 나타나므로 '공황발작'이라고도 합니다. 공황발작이 오면 환자는 '생명에 위협을 느낄 정도로' 극심한 공포를 느낍니다.

차를 타고 이동할 때, 터널을 지나거나 다리 위를 지날 때, 잠잘 때처럼 실제로는 그런 일이 일어날 수 없는 상황에서 공황발작을 겪으면 환자들은 무척 당황하게 되고, 속수무책이라는 생각에 증상이 악화되는 악순환으로 이어집니다.

통계에 따르면 전체 인구의 5~8%가 평생 한 번 이상 공황장애를 경험한다고 합니다. 여성의 경우 남성보다 2배 정도 많이 나타납니다. 여성에게 공황장애 증상 중 특히 과호흡증상이 많은 이유는 여성들의 특별한 호르몬 변화 때문입니다.

여성에게 임신과 수정을 돕는 프로게스테론이란 호르몬은 과호흡을 일으키기도 하고 이유 없이 초조하게 만들기도 합니다.

대부분 첫 번째 공황발작 전에는 여러 가지 스트레스에 시달려 피곤하게 보내는 경우가 많습니다. 가족관계 갈등이나 직장에서 일이나 대인관계로 상당한 스트레스를 받은 뒤 스트레스에 대한 반응으로 증상을 경험하게 됩니다. 직장 내 스트레스로 병원을 찾는 사람들은 대부분 30~40대 직장 남성입니다.

공황발작을 겪는 사람들은 신체적 불편함이나 이상감각을 매우 위험한 증상으로 받아들이는 경향이 있습니다. 예를 들면 심장이 빨리 뛰는 것은 심장에 병이 들어서라고 생각하고, 어지러움을 느끼면 '이러다 곧 기절하겠지' 하면서 두려워합니다.

　이들은 또한 특이한 감각을 느끼게 되면 '이러다 곧 미칠 것'이라고 생각하며 자기 감각이나 불편함을 과도하게 해석하는 경향이 있습니다.

공황장애
진단하는 법

- 심장이 두근거리거나 심장박동 수가 증가한다.

- 숨 가쁜 느낌이나 숨 막히는 느낌이 있다.

- 가슴이 답답하거나 가슴에 통증이 있다.

- 현기증이나 어지러움을 느낀다.

- 머리가 띵하고 아픈 느낌이 있다.

- 몸이 떨리거나 전율이 느껴진다.

- 갑자기 땀이 난다.

- 복부가 불편하고 토할 것 같다.

- 몸이 찌릿찌릿하는 이상감각을 느낀다.

• 이러다 미치지는 않을까 또는 죽지는 않을까 하는 두려운 마음이 든다.

이런 증상 중 지난 일 년간 경험한 항목이 4개 이상이면 공황장애를 의심해야 합니다.

공황장애 증상은 온몸에 나타날 수 있습니다. 우리 몸은 스트레스를 받으면 교감신경이 흥분합니다. 이는 몸이 위험에 처해 있다는 신호를 주는 것입니다. 교감신경이 흥분하면 중추신경과 말초신경에까지 영향을 미칩니다.

교감신경이 흥분하면 대뇌로 가는 산소량이 줄어들어 현기증이나 어지러움, 질식감, 시야가 흐려짐 등을 호소합니다. 이런 경우 많은 환자가 신경과에서 자기공명영상^{MRI} 같은 검사를 하지만 대부분 뚜렷한 이상을 찾지 못합니다.

교감신경이 흥분하면 신체 부위로 가는 산소량이 줄어들어 말초신경증도 일으킵니다. 심박동이 증가하고 손발이 저립니다. 몸이 떨리거나 오싹오싹 춥거나 근육이 긴장해 온몸 여기저기가 쑤시는 통증을 느끼게 됩니다. 이밖에도 덥고 땀이 나고 화끈거리며 가슴에 흉통을 느끼고 피로감을 호소하게 됩니다.

그런데 이런 증상이 생겨도 대부분 병원에서 정확한 원인을 찾을 수 없어 불안장애나 공황장애라는 진단을 받기까지 시간이 오래 걸리는 경우도 흔합니다.

전형적인 증상으로는 공황발작 때 극심한 공포와 고통이 갑작스럽게 발생해 수분 이내에 최고조에 이르게 됩니다. 하지만 오래 지속되지는 않습니다. 이때 나타나는 증상으로는 가슴 두근거림, 심장박동 수 증가, 떨림, 답답함, 질식할 것 같은 느낌, 어지러움, 비현실감 등을 경험하게 됩니다.

환자들은 한번 공황을 경험한 다음에는 다시 증상을 겪을까봐 지속적으로 걱정하게 됩니다. 그러면 공황을 경험했던 장소를 피하거나 비슷한 상황이 발생하면 미리 걱정하는 모습도 흔히 관찰됩니다.

공황장애를 겪는 사람들은 여러 가지 걱정에 휩싸입니다. 심장병을 앓거나 발작을 일으키는 게 아닌가 하는 생각은 '질병(심장질환, 발작장애)'에 대한 걱정입니다. 증상이 나타났을 때 다른 사람들이 자신을 이상한 사람으로 볼 거라는 생각은 '사회적 걱정'입니다. 공황으로 자신이 미치거나 이성을 잃을지 모른다는 '정신적 기능'에 대한 걱정도 하게 됩니다.

공황장애는
연예인병?

공황장애는 우리나라에서는 가수, 배우, 개그맨 등 스트레스가 극심하기 쉬운 연예인들에게서 많이 관찰되어 이른바 '연예인병'으로 알려져 있기도 합니다.

스트레스 호르몬은 교감신경계를 과활성화합니다. 교감신경계가 항진된 상태가 지속되면 뇌의 변연계에 변화가 생겨 주위에 당장 큰 위협이 없는데도 불안감·공포감 등을 느낍니다. 유명 연예인에게 불안장애가 많은 것은 직업 특성상 대중에게 지나치게 많은 부분이 노출되고, 인기를 얻기 위해 한 치의 방심도 하면 안 된다는 스트레스가 크기 때문입니다.

개그맨 A씨는 한 매체와 인터뷰하면서 몇 년 전부터 원인 모를 가슴 통증에 시달렸고, 초조함과 불안함 때문에 서 있기조차 힘들었다고 밝혔습니다. 처음에는 병원에서도 원인을 찾지 못했지만, 몇 가지 검사를 해본 결과 공황장애 진단을 받았다고 합니다. 이렇듯 대중의 관심과 사랑을 받으며 살아가는 연예인은 항상 대중의 시선을 의식해야 하고 인기에 대한 불안감에 시달려 공황장애에 취약한 것입니다.

하지만 공황장애는 연예인들의 직업병이라기보다 스트레스에 시달리는 모든 연령에서 나타나는 병입니다. 다른 사람의 시선을 의식하고 절제하며 살아야 한다는 강박적인 스트레스가 원인이기 때문에 대중을 의식해야 하는 연예인뿐 아니라 주변의 시선을 신경 쓰며 살아가는 현대인은 쉽게 공황장애에 노출된다고 볼 수 있습니다.

노르웨이 출신의 화가 에드바르드 뭉크는 어린 시절 부모에게 엄격하고 무시무시한 교육을 받았습니다. 부모에게 매일같이 매질을 당하고 호되게 혼나는 일이 일상이었습니다. 게다가 어린 시절 어머니가 폐결핵으로 피를 뿜으며 세상을 떠나는 끔찍한 장면까지 본 뭉크는 자라서 심각한 공황발작을 일으키게 되었고 〈절규〉라는 명작에서 자신의 공황상태를 표현했습니다.

많은 사람이 일상생활에서 겪는 긴장과 스트레스뿐 아니라 트라우마로 인한 '멘붕' 경험까지 잘 묘사한 뭉크의 〈절규〉는 전 세계에서 인기를 끌고 있습니다.

강남의 부유한 가정에서 부모의 기대를 한 몸에 받으며 자란 B군은 학교 성적이 좋았습니다. 항상 반에서 1등을 하는 것이 목표였기 때문에 친구들과 놀지 않고 공부에만 매달렸습니다. 고3에 올라가면서 내신성적이 떨어지자 명문대학에 갈 수 없다고 포기한 어느 날, 화장실에서 공황발작을 일으켜 꼼짝달싹할 수 없었습니다.

공황장애를 앓는 청소년은 얼핏 보면 모범적이고 성실하기 때문에 병원을 늦게 찾는 경우가 많습니다. 또한 부모가 아이에게 지나치게 간섭하고 아이가 견딜 수 없을 정도로 압박하는 경우 역시 공황장애에 걸릴 가능성이 높습니다.

스트레스와
공황장애

스트레스가 무엇일까요? 우리가 거의 매일 입에 달고 살면서 우리에게는 매우 익숙한 말이 되었지만 사실 스트레스라는 말이 이 세상에서 쓰이기 시작한 지는 100년도 되지 않았습니다.

스트레스라는 말은 원래 물리학 용어였습니다. 건물에 우리 눈에는 보이지 않는 무게가 장기간 지속되면서 건물이 무너지기도 하는데 이때 서서히 가해지는 압력을 스트레스라고 합니다.

건물과 마찬가지로 사람에게도 눈에 보이지는 않지만 서서히 가해지는 압력, 즉 스트레스가 모든 질병의 원인이라는 사실이 밝혀지면서 스트레스라는 말에 점점 더 익숙해지고 있습니다.

1장 공황장애에 대해 바로 알자
••• 29

스트레스가 인체에 미치는 영향은 1930년에 호르몬을 연구하던 한스 셀리에가 발견했습니다. 그는 새로운 호르몬을 찾기 위해 많은 쥐를 따라다니며 주사를 놓았는데 특이하게도 호르몬 주사를 맞은 쥐나 단순한 식염수를 주사한 쥐들이 모두 똑같이 면역력이 떨어지는 것을 보고 쥐들에게 주사 내용이 아니라 주사를 맞는 고통이 꼭 같은 스트레스가 되었다는 사실을 발견한 것입니다. 그래서 지금은 우리가 상식적으로 알고 있는 '스트레스가 너무 오래 지속되면 몸과 마음이 병든다'는 사실을 처음으로 밝혀냈습니다.

100년 전만 해도 많은 사람이 비위생적인 환경에서 감염으로 목숨을 잃었습니다. 여성들의 출산으로 인한 사망도 흔한 일이었습니다.

19세기 구한말을 배경으로 한 박경리의 소설 『토지』에서는 괴질 호열자(콜레라)가 경남 일대를 휩쓸어 하동 평사리 마을 사람들이 속수무책으로 죽어갑니다. 호열자는 수인성 전염병이고, 음식물을 끓여 먹으면 전염되지 않는다는 사실을 그때는 아무도 몰랐기 때문입니다. 요즘은 의학과 공중보건이 전 세계적으로 발달해 젊은 나이에 패혈증을 치료받지 못해서 일주일 안에 사망하는 경우는 없습니다.

위생시설이 부족하고 인변을 비료로 쓰던 1960년대에는 우리나라 전 국민의 기생충 감염률이 90%를 넘었습니다. 당시에는 한 해 기생충 감염으로 인한 사망자가 2천 명을 넘기도 했습니다. 기생충을 제대로 본 적도 없는 젊은 세대는 공감하기가 어렵지만, 50~60년 전 실제로 우리 국민 대다수가 기생충병에 시달렸다는 것은 엄연한 사실입니다. 그대신 현대인은 매일매일 스트레스가 쌓여 몸과 마음에 영향을 받고 이로써 만성질병과 정신적인 고통에 시달립니다.

또한 현대인은 선조들과 다른 질병에 시달리고 다른 원인으로 사망합니다. 2000년 이후 현재까지 한국인의 사망원인 1위는 암이고 2, 3위는 뇌혈관 질환과 심장병입니다. 이 세 질병과 자살은 한국인의 4대 사망원인이기도 합니다. 1960년대만 해도 결핵, 감염이 주요 사망원인이었던 것에 비하면 차이가 큽니다.

암, 심장병, 뇌질환은 하루하루 걱정이라는 스트레스가 쌓여 몸이 천천히 손상되어가는 병입니다. 대표적 스트레스 질환인 불면증도 최근 5년 사이에 거의 2배 증가했습니다. 공황장애를 비롯한 불안증도 스트레스가 원인인 현대인의 대표적 질병입니다.

스카이콩콩을 타고 있는 코끼리를 상상해보면, 과연 이 코끼리는 균형을 잘 맞추며 놀이를 즐길 수 있을까요? 코끼리는 단 1초도 스카이콩콩 위에서 버티기 힘들 것입니다. 설사 최고의 노력으로 버틴다 해도 모든 에너지를 균형 맞추는 데만 쓰기 때문에 다른 일은 하기 어렵습니다. 현대인이 스트레스를 잘 다룬다는 것은 코끼리가 균형을 잡는 것만큼 어려운 일입니다.

현대인이 하루에 접하는 정보의 양은 100년 전에 살았던 이들이 평생 접한 정보의 양과 비슷합니다. 그러니 우리 뇌가 이를 다 받아들이는 것은 코끼리가 스카이콩콩 위에서 위태롭게 균형을 잡으려고 애쓰는 일과 같습니다.

우리는 일상에서 공부, 취업, 교통체증, 집세, 연금, 승진, 인간관계 때문에 서로 싸우는 스트레스에 가득 차 있습니다. 그리고 생각만 해도 격렬한 감정을 느끼게 하는 불안, 분노 때문에 몸이 서서히 병들어가는데도 알아차리지 못합니다.

한국보건사회연구원 조사에 따르면 우리나라 국민 10명 중 9명은 '어떤 일이 생기면 항상 최악의 상황을 먼저 생각하는 것'으로 나타났습니다. 이런 태도는 심리학에서 '인지적 오류'로 불리는데 근거 없이 현실을 부정적으로 해석한다는 뜻입니다.

과거 잘못을 습관적으로 자꾸 떠올리는 사람도 10명 중 8명이었고 자신을 가치가 없다고 여기거나 미래에는 희망이 없다고 보는 생각습관이 있는 사람들도 많았습니다.

우리나라 사람 4명 중 3명은 시간이 부족하다고 생각하며 10명

중 8명은 피곤하다고 답했습니다. 끊임없이 무엇인가를 해야 한다는 압박감과 다른 사람에게 뒤처진다는 불안에서 오는 심리인 시간부족을 많이 느낀다고 했습니다. 많은 사람이 일과 직장에서 모든 것을 잘해야 한다는 강박관념과 자기관리까지 철저히 해야 한다는 강박관념에 시달리고 있었습니다.

이런 사고습관은 그대로 아이들에게 전해지고 우리나라가 수년간 OECD 전체 국가 중 청소년 자살을 포함해서 자살률 1위인 이유를 설명해줍니다. 이런 부정적인 사고습관은 불안장애를 일으키며, 이 불안을 해소하기 위해 약물의존이나 알코올의존이 생기기도 합니다. 결국 스트레스로 인한 불안은 우울과 자살로 이어지게 됩니다.

극심한 불안감이 오래 지속되면 뇌 기능이 이상을 일으킵니다. 특히 대뇌에 있는 가바(GABA: 감마아미노부틴산)의 기능 이상, 노르아드레날린·세로토닌 등 신경전달물질의 신경전달 체계 기능 이상 등을 일으켜서 이차적으로 우울증, 약물이나 알코올의존, 수면장애 등 다른 문제를 함께 일으킬 수 있으므로 불안장애를 조기에 발견해 치료하는 것이 매우 중요합니다.

불안은 인간의 본능적 감정입니다. 위기 상황에서 불안하지 않으면 오히려 자신을 보호하지 못하게 됩니다. 하지만 실제로 주변에 위협이 없는데도 불안해하거나 걱정이 해결된 다음에도 계속 불안해하는 경우가 있습니다. 이때는 호흡곤란이나 가슴 통증과 같은 신체적 불편함도 나타납니다. 신체통증에 대해 아무런 이상이 없다는 설명을 들어도 통증이 지속되고 불안증상으로 일상생활에 지장이 생기면 불안장애를 의심해야 합니다.

2장

불안장애에 대해
제대로 알자

불안장애의
얼굴 5가지

걱정이나 불안은 사람이 살아가는 데 꼭 필요한 감정입니다. 나에게 위협적인 상황이나 사건을 맞닥뜨렸을 때 적당히 불안해야 몸과 마음이 이에 대응할 수 있기 때문입니다. 사람은 어떤 급박한 상황에 다다르면 싸울지 도망칠지를 순간적으로 판단해야 합니다. 이때 판단을 돕는 것이 적당히 불안한 감정입니다.

불안은 우리 몸에 경보장치를 일깨워 경각심을 높이고 숨이 가빠지고 혈압이 오르게 하는데 이런 신체 반응은 위험 상황에서 빨리 벗어나기 위해 온몸을 준비시키는 과정입니다.

불안은 본능적 감정입니다. 이것이 부족하면 위기 상황에 대처하는 힘이 떨어지기 때문에 자신을 보호하기 위해 필요한 것입니다. 그러면 우리가 불안에 빠져 있다는 사실을 어떻게 알 수 있을까요? 불안에 빠지면 우리 몸은 3가지 영역에서 반응을 보입니다.

생각 영역에서 일어나는 일

어떤 걱정거리가 생겼을 때 이 문제를 해결하기 어렵다고 판단되면 불안해집니다. '좋지 않은 일이 생길 거야'라는 생각이나 '내가 큰병에 걸릴 수도 있다'는 생각은 사람을 불안하게 만듭니다.

몸이 조금만 아파도 큰병에 걸렸다고 걱정하거나 실패나 죽음에 몰입하게 됩니다. 특히 이전에 불안을 경험한 사람은 이런 생각을 더 자주 하게 됩니다.

행동 영역에서 일어나는 일

불안해지면 몸이 떨리거나 경련이 나타날 수 있습니다. 놀라서 꼼짝 못하고 몸이 굳은 상태로 겁에 질린 행동을 보일 수도 있습니다.

신체 영역에서 일어나는 일

불안해지면 신체의 자율신경계가 신속하게 반응합니다. 우리 몸에 위협을 알리고 빨리 대처하는 신체 반응을 이끌어냅니다. 근육이 긴장되고 심장박동이 빨라지며 혈압이 오르고 호흡이 가빠라지는 것입니다.

그렇다면 우리를 위험에 대비하게 해주는 정상적인 불안과 그렇지 않은 병적인 불안은 어떻게 구별할 수 있을까요? 일반적인 불안 반응은 걱정거리가 있을 때 불안해하다가 걱정거리가 해결되면 괜찮아집니다. 하지만 문제가 해결되어도 계속 불안감을 느끼고, 그런 일이 또 생기지 않을까 걱정하는 것은 병적인 불안으로 보아야 합니다.

병적인 불안은 다음과 같은 특징을 보입니다.

• 실제로 주변의 위협이 없는데도 불안이 나타난다.
• 문제가 해결된 뒤에도 계속 불안해한다.
• 호흡곤란이나 가슴 통증과 같은 신체적 불편함이 지속된다.
• 언제 어떻게 불안해질지 불안이 나타나는 시기를 알 수 없다.
• 신체 통증에 대해 아무런 이상이 없다는 설명을 들어도 통증

이 지속된다.

• 불안증상으로 일상생활에 지장이 생긴다.

치료와 도움이 필요한 병적인 불안은 다음과 같습니다.

• 갑자기 불안이 찾아와서 몸과 마음이 놀라는 반응을 보이는 공
  황장애
• 모든 것을 걱정하고 불안하게 여기는 범불안장애
• 타인의 시선이 불편해서 행동에 제약을 받는 사회공포증
• 충격적인 경험을 한 뒤 위협적인 경험을 잊지 못하는 외상 후
  스트레스 장애
• 자신이 큰병에 걸렸거나 걸릴 것으로 걱정하는 건강염려증
• 걱정과 두려움을 피하기 위해 강박적인 생각이나 행동을 하
  는 강박장애

얼굴 1
범불안장애

사람은 누구나 걱정을 합니다. 어린 시절에는 어둠과 큰 소리, 낯선 사람을 두려워하고 사춘기가 되면 시험, 대학 진학, 친구관계, 외모에 대해 불안해합니다. 어른이 되면 취업이나 직장생활·대인관계에 대한 걱정이 생깁니다. 이런 걱정과 불안은 모두 살아가면서 생기는 정상적 감정입니다.

하지만 실제로 있지도 않은 일을 걱정한다든지 미래를 지나치게 걱정하며 불안해하는 것은 불안장애로 고통받는 것입니다. 여기서 범불안장애는 '여러 상황과 활동에 대해 지나치게 비현실적으로 불안해하거나 걱정하는 상태가 최소한 6개월 이상 지속되는 경우'입니다.

우리는 모두 좋지 않은 일이 생길 수도 있다는 걱정을 합니다. 보통 사람들은 걱정거리가 있어도 '삶이 수월하지 않다'는 것을 알고 이겨내며 살아갑니다. 그렇지만 걱정을 달고 사는 사람들도 있습니다. 항상 걱정만 하고 모든 것에 대한 근심걱정과 불안에 시달리는 사람들도 있습니다.

주부인 C씨는 항상 걱정이 많습니다. 남편의 귀가시간이 늦으면 남편이 교통사고를 당한 건 아닐까 걱정하고 텔레비전에서 경기가 나쁘다는 뉴스가 나오면 남편이 해고당하지 않을까 걱정합니다. 아이들이 학교에 들어가기 전부터 아이가 학교에서 왕따를 당하면 어쩌나 걱정하고 게임하는 아이를 보면 아이가 게임중독에 빠질까봐 걱정합니다. 모든 일을 걱정의 대상으로 삼는 것입니다.

주부 D씨는 두통과 어지러움을 느껴 병원을 찾았습니다. 여러 내과병원에 가보았지만 큰 문제가 없다는 말만 들었습니다. 최근에는 불면증까지 겹쳤습니다. 결국 정신건강의학과에서 자신의 신체 증상이 딸에 대한 걱정 때문이라는 것을 알게 되었습니다.

고등학교에 입학한 딸이 혹시 친구들에게 따돌림을 당하지 않을까, 남자 친구가 생겨 공부를 소홀히 하지 않을까, 사고를 당하지 않을까 하는 걱정으로 잠을 이룰 수 없었던 것입니다.

회사원 E씨는 일을 마치고 집으로 돌아오면 오늘은 어떤 실수를 했나 회사에서 있었던 일을 하나하나 되짚어보며 자책하고 괴로워하는 것이 일상입니다. 학창 시절 친구들에게서 따돌림을 당한 경험이 있는 E씨는 회사생활에서도 자신감이 부족하고 불안했던 것입니다.

결국 이런 불안을 잊기 위해 술에 의존하게 되었고 술을 너무 많이 마신 다음 날에는 출근하기 어려울 정도가 되었습니다. 그러다 보니 직장생활이 엉망이 되어 사직을 고려하게 되었습니다. 불안이 스스로 감당하기 어려울 정도로 커지면 E씨와 같이 술에 의존하게 되거나 다른 약물에 중독되기도 합니다.

고3 수험생인 F는 모의고사를 볼 때마다 지나치게 긴장해 시험을 제대로 치를 수 없었습니다. 평소에는 학교 성적이 상위권인데도 시험지를 받으면 손발에 땀이 나고 눈앞이 하얘져 시험문제를 읽기조차 힘들어졌습니다.

'시험불안증'이라고 하는 이런 증상은 과도한 긴장과 걱정으로 생기는 범불안장애에 속합니다. 이런 경우 학업과 일상 업무에 지장을 초래하게 됩니다.

다음 항목 중 4개 이상의 증상이 6개월 이상 지속되면 범불안장애를 의심해야 합니다.

- 심장이 두근거리고 맥박수가 증가한다.
- 땀을 많이 흘린다.
- 입이 마르고 손이 떨린다.
- 배 속이 불편하고 구역감을 느낀다.
- 어지럽고 쓰러질 것 같다.
- 정신이 아득해지고 현실이 꿈같이 느껴진다.
- 이러다 정신을 놓거나 자제력을 잃을 것 같은 두려움이 든다.
- 근육 경련이 있고 근육에 통증을 느낀다.
- 물을 삼키기 어렵고 목이 졸리는 느낌이 든다.
- 걱정으로 불면증과 신경과민에 시달린다.

우리나라 전체 인구의 3% 정도가 불안장애를 가지고 있고 그중 60% 정도가 여성입니다. 불안장애가 있는 사람들이 느끼는 불안의 강도와 지속시간은 그 상황과 맞지 않는 경우가 많습니다.

사람들은 대부분 시험을 걱정하지만 불안장애가 있는 경우 시험을 보는 동안에도 걱정을 하고 시험이 끝난 다음에도 걱정을 합니다. 시험에 대해 끊임없이 걱정하고 항상 자기 성적이 나쁠 거라고 확신합니다. 따라서 불안장애가 있으면 시험성적을 적절히 평가할 수 없을 뿐만 아니라 좋은 성적을 받더라도 걱정하고 불안해합니다.

시험을 앞두고 걱정을 한다든지 중요한 행사를 앞두고 잠을 잘 못 이루는 것은 예측 가능한 불안의 예입니다. 그리고 적당한 불안은 모든 일을 성공적으로 마칠 수 있는 원동력이기도 합니다. '나는 이 일을 꼭 마쳐야 해.' '나는 반드시 일등을 해야 해.' '나는 최고가 되어야 해'라고 생각하며 공부하는 사람들은 스스로 긴장을 만든다고 볼 수 있습니다.

자신을 적당한 불안상태에 몰아넣는 학생들은 학업성취도가 높고 모범적인 경우가 많습니다. 따라서 부모나 교사는 이런 과잉 성취적 행동을 걱정하기보다 오히려 반길 것입니다. 하지만 청소년이 지나치게 불안해해서 일상생활에 문제가 될 정도라면 전문가의 도움을 받아야 합니다.

청소년이 겪는 일반적인 불안 징후는 다음 행동 중 한 가지로 나타납니다.

- 새로운 것을 시도하려 하지 않고 두려워서 위험을 감수하려 하지 않는다.
- 머리와 옷차림에 시간을 낭비한다.
- 손톱을 물어뜯고 몸을 앞뒤좌우로 흔든다.

- 테이블 밑에서 다리나 발을 강박적으로 움직이거나 종이를 잘게 찢는다.
- 식욕을 잃고 사소한 일에도 잘 울거나 너무 많이 잔다.
- 사소한 문제에 예기치 않게 강하게 반항한다.
- 음악을 크게 틀어놓고 어른이 들어오지 못하도록 방문을 잠근다.
- 부모가 불러도 반응을 보이지 않는다.
- 공상에 잠겨 오랜 시간 아무것도 하지 않는다.
- 장시간 맡은 일에 매달리지만 결국 끝내지 못한다.
- 결과에 절대 만족하지 않고 맡은 일에 끝까지 전념하지 못한다.
- 너무 단정하고, 너무 청결하고, 너무 착하다.
- 친구, 특히 또래가 없다.
- 쾌락적 자극이나 마약, 흡연, 음주를 추구한다.
- 부모 말을 듣지 않거나 부모를 지나치게 걱정한다.

얼굴 2
사회공포증

"무대에 올라가서 바이올린을 손에 들면 갑자기 손이 움직이지 않았어요. 평소에는 누구보다 더 잘할 자신이 있는데 팔이 말을 듣지 않아 바이올린 공연을 완전히 망쳤어요."

바이올린 연주 실력이 뛰어난 이 여학생은 무대에서 연주할 때마다 불안증상을 느낀다고 했습니다. 다른 사람들이 보기에는 훌륭한 연주였는데도 본인은 자기 연주에 항상 불만이 많고, 불안증상으로 제대로 연주하지 못했다고 느낍니다.

A씨는 고등학교 시절 여학생들과 함께 성경공부를 하면서 갑자기 얼굴이 붉어지고 손에 땀이 나며 말이 나오지 않는 경험을 했습

2장 불안장애에 대해 제대로 알자

•••47

니다. 이런 경험은 이후에도 지속되어 직장생활을 하면서도 공개적인 자리에서 자기 의견을 말할 때 여전히 긴장되어 입이 마르고 가슴이 떨리는 증상 때문에 회의에 참석하는 것이 힘들고 고통스러웠습니다.

B씨는 병원에 와서 이렇게 말했습니다.

"얼마 전부터 가족과 식사할 때마다 갑자기 얼굴이 붉어졌어요. 낯선 사람들과 밥을 먹을 때는 그런 경우가 있었지만 가족 앞에서 얼굴이 붉어지는 것은 처음 있는 일이라 걱정이 되어 병원을 찾게 되었어요."

B씨는 사람들이 자신을 나쁘게 판단할 거라는 걱정 때문에 다른 사람들 앞에서 음식을 먹지 못했는데 이러한 증상이 점점 심해져 가족 앞에서조차 증상이 나타난 것입니다.

공무원인 C씨는 다른 사람들이 부러워하는 승진을 한 뒤 부담감이 커졌습니다. 어쩔 수 없이 회의를 진행하거나 회의에서 발표해야 할 때는 얼굴이 빨개지고 말도 더듬게 되었습니다. 여직원들에게 지시를 내릴 때는 손까지 떨리는 것 같아 웃음거리가 될까봐 더 당황했습니다. 자신에게 주어진 일을 잘해내지 못한다고 평가받을까봐 걱정하고, 지금 자리에서 밀려나지 않을까봐 걱정하느라 항상 불안합니다.

회사원인 D씨는 회사에서 회의를 진행할 때 항상 긴장됩니다. 다른 사람들 앞에서 공개적으로 주목받는 상황에서 그 사람들이 자신을 어떻게 평가할까 하는 것이 걱정입니다. D씨는 고등학교 시절 여학생들과 함께한 독서클럽에서 자기 차례가 되어 책을 큰 소리로 읽을 때 처음으로 창피한 마음에 불안을 느낀 뒤 지금까지 다른 사람들을 의식하게 되었다고 합니다.

사회공포증 환자들은 대부분 어렸을 때는 수줍음이 많았으며 사춘기가 될 때까지 심각한 불안증상을 느끼지 못하는 경우도 많습니다. 사회공포증이 있는 사람은 자기 행동이 다른 사람들에게 부적절해 보일 수 있다는 염려도 함께 합니다.

손발에 땀이 나거나 얼굴이 붉어지고, 몸이 떨리거나 목소리가 떨리며 화장실에 자주 가고 싶어지는 증상이 분명하게 나타나 다른 사람들 눈에 띄는 것을 염려하기도 합니다. 불안이 지나치면 무엇을 하려고 했는지 기억하지 못하거나 자신이 해야 할 말을 잊어버릴까봐 두려워합니다.

혼자 있을 때는 이런 두려움을 느끼지 않기 때문에 혼자 있으려 하고 사람들을 만나는 것을 피하게 됩니다. 대중 앞에서 말을 하거나 악기를 연주하거나 공연을 하는 것은 물론 다른 사람과 함께 식사하거나 새로운 사람을 만나는 것을 특히 두려워합니다.

항상 주변을 의식하고 다른 사람에게 웃음거리가 되거나 다른 사람이 자신을 못난 사람으로 평가하지 않을까 걱정합니다. 공개적인 모임이나 식사장소에서 특히 이런 두려움을 느낀다면 사회공포증을 의심해보아야 합니다.

사회공포증이 있으면 주변 사람들이 자신을 주시한다고 판단하고 혹시 자신이 부끄럽고 당황스러운 행동을 하지 않을까 싶어 다른 사람들에게 말하기조차 두려워합니다.

사회공포증이 있을 경우, 사람과 관계를 지나치게 두려워하기 때문에 일상적인 대인관계를 피하려고만 합니다. 다른 사람 앞에서 말하거나 먹는 것 또는 공공장소에서 쓰거나 말하기 같은 것을 하지 않으려고 합니다.

대부분 이런 문제는 오래전부터 있어왔지만 사회공포증으로 공부나 사회생활을 더는 할 수 없을 정도가 되어야 병원을 찾습니다. 사회공포증을 사소하게 생각하면 평생 큰 피해를 볼 수 있다는 점도 명심해야 합니다. 그렇지만 치료를 받으면 충분히 정상적으로 생활할 수 있습니다.

사회공포증은 어린아이도 겪을 수 있습니다. 아이들은 학교나 다른 모임에서 분위기를 주도하는 친구들에게 따돌림을 당할까봐 걱정합니다. 어떤 아이들은 태어날 때부터 지나치게 수줍어합니다. 과도한 수줍음은 유전입니다.

어떤 아이들은 유전적으로 사회공포증에 취약합니다. 사회공포증은 선천적 요소에도 영향을 받지만 부모의 잘못된 양육 태도도 원인이 될 수 있습니다.

만약 부모가 자녀의 심적 고통을 알아차리지 못한다면 아이는 자라면서 더욱 불안을 느끼고 사회적 접촉을 피할 것입니다. 한편 지나치게 수줍음이 많은 자녀를 둔 부모는 아이를 보호하기 위해 사회적인 상황에 덜 노출시킬 수 있습니다. 그러면 그 아이는 사회적 상황에서 긴장을 푸는 법을 배우지 못해 시간이 지날수록 더 불안해하고 자라서는 사회공포증으로 발전할 수 있습니다.

이런 사회공포증은 사실 우리가 살아가면서 한 번쯤 겪는 문제입니다. 이때 잘 극복하지 않으면 사회공포증 때문에 우울증에 빠지거나 더 심각한 불안증이 나타날 수 있습니다. 사회공포증을 극복하려고 술에 의존하는 경우도 많은데 단순히 긴장했을 뿐이라고 여기고 가볍게 생각해서는 안 됩니다.

사람들은 누구나 수줍어합니다. 낯선 사람을 만나거나 대중 앞에서 연설하거나 예기치 않게 다른 사람의 시선을 받게 되면 사람들은 대부분 긴장하고 수줍어합니다. 아동과 청소년에게 수줍음은 뜻밖의 상황에 직면하면 나타나는 매우 자연스러운 반응입니다. 생활에 불편을 느낄 정도로 심각하지 않으면 수줍음을 특별히 걱정할 필요가 없지만 과도한 수줍음으로 생활에 피해를 줄 정도라면 '사회공포증'이 있다고 봐야 합니다.

지나치게 수줍음이 많은 경우, 청소년기에 이르러 대학 진학과 진로 문제 같은 사회적인 압박을 받으면 사회공포증이 더 심해질 수 있습니다. 사회공포증의 가장 핵심 문제는 지나친 자의식입니다. 지나친 자의식은 다른 사람들이 자신의 결점을 놀릴까봐 두려워하는 것입니다. 다른 사람의 시선을 지나치게 의식하다보니 다른 사람들에게 바보처럼 보일까봐 두려워 행동을 함부로 할 수 없습니다.

성인의 약 12%가 사회공포증을 앓고 있으며 청소년기 학생의 약 1%가 사회공포증을 보입니다. 성인의 사회공포증은 대개 청소년기에 처음 나타나므로 성인 사회공포증이 되기 전에 미리 치료하는 것이 중요합니다.

사회공포증은 다음과 같은 상황에서 일어납니다.

- 다른 사람들 앞에서 공개적으로 발표할 때
- 회의 도중에 일어나서 자기 의견을 말해야 할 때
- 이성에게 말을 걸어야 할 때

- 시합을 하거나 시험을 보거나 무대에서 발표할 때
- 모르는 사람을 만나서 자신을 소개할 때
- 윗사람과 마주하고 대화할 때
- 취업시험을 보거나 인터뷰할 때
- 공중화장실을 사용할 때

얼굴 3
외상 후
스트레스 장애

A씨는 15년 전 군에 간 아들을 사고로 잃었습니다. 오랜 시간이 지난 지금도 가슴에 묻은 아들을 하늘에서 만날 그날을 기다리며 살아갑니다. 뉴스에서 비슷한 참사가 일어났다는 소식을 들을 때마다 A씨는 피눈물을 흘렸던 당시 상처가 되살아나 가슴이 조여온다고 호소합니다.

"세수하려고 세숫대야의 물만 봐도 물에 빠져 질식당할까 공포를 느낀다.""아이들이 사고를 당하면 어떻게 하나 걱정되어 잠을 잘 수 없다."

세월호 침몰 사고 당시 자녀를 둔 부모는 물론이고, 많은 사람이

미디어를 통해 아이들이 수몰되는 참사를 지켜보면서 전 국민이 '외상 후 스트레스 장애'에 시달린 경험도 있습니다.

역설적으로 당시 경험 때문에 많은 사람이 '외상 후 스트레스 장애'가 무엇인지 알게 되었습니다.

군인인 B씨는 군사훈련 중 화기 폭발로 동료가 바로 옆에서 죽는 것을 목격한 후 불면증과 악몽에 시달렸습니다. 폭발이 일어나 동료들이 모두 사망하는 악몽을 반복해서 꾸었습니다.

다행히 본인은 크게 다치지 않았는데도 앞으로 그런 사고가 또 일어나 자신도 다치거나 죽게 될 거라는 불안감에 시달렸습니다. 포탄이나 총포를 보기만 해도 이전의 사고가 생생하게 되살아나 총기를 만지는 것조차 두려웠습니다.

가장인 C씨는 퇴근길에 어두운 빗길에서 교통사고를 당했습니다. 과속으로 마주 오던 차와 부딪쳐 차체가 심하게 찌그러졌습니다. C씨는 찌그러진 차 속에서 전혀 움직일 수 없는 상황이 되자 곧 죽겠다는 공포심을 느꼈습니다.

다행히 구조되어 큰 후유증 없이 치료를 끝냈지만 그 후 교통사고에 대한 두려움으로 운전을 할 수 없게 되었습니다. 그리고 지나가는 차들만 봐도 당시 사고 상황이 생생하게 떠올라 가슴에 심한 압박감을 느꼈습니다.

외상 후 스트레스 장애는 다음과 같은 3가지 특징이 있습니다.

- 위협적으로 경험했던 사건, 사고가 반복적으로 생각나거나 꿈에서 다시 경험하게 된다.
- 외상과 연관되는 기억을 차단하려고 지속적으로 감정을 회피하게 되고 감정표현을 억제하기 때문에 무감각하고 멍하게 느껴진다.
- 외상 이후 불안을 느껴 비슷한 상황을 경계하고 지나친 각성(과민상태) 증상을 보인다. 집중하기 어렵고 수면장애도 흔하게 나타나게 된다.

외상 후 스트레스 장애PTSD ; Post-traumatic Stress Disorder는 어떤 사고로 인한 정신적 충격이 무의식에 잠재해 있다가 사고 당시와 비슷한 상황이 발생했을 때 급격하게 불안해지는 증상을 나타내는 것입니다.

트라우마는 그저 잠깐의 충격으로 끝나는 것이 아닙니다. 트라우마를 당한 사람 10명 중 1명은 평생 상처에서 헤어 나오지 못할 뿐 아니라 트라우마가 오랜 기간 지속되면 우울증 등 정신장애가 동반되고, 심한 경우 자살하는 원인이 되기도 합니다. 외상 후 스트레스 장애는 10년이 지난 후에도 약 40%에서 질병이 계속 관찰될 수 있습니다.

'외상 후 스트레스 장애'는 1980년이 되어서야 비로소 실제 진단으로 인정되었습니다. 제2차 세계대전과 베트남 전쟁 후 참전 군인들이 겪는 정신적 상처가 너무 심각했기 때문에 외상 후 스트레스에 관심을 둘 수밖에 없었습니다.

하지만 실제 진단으로 인정받기까지는 1970년대 중반 미국 여성운동가들의 노력이 뒷받침되었다는 것은 잘 알려지지 않은 사실입니다. 가정폭력과 성폭력 피해 여성들에게서 나타나는 심리적 증후군 역시 전쟁 생존자들에게 나타나는 증후군과 같다는 것입니다. 따라서 '외상 후 스트레스 장애'를 일으키는 경험은 다음과 같습니다.

- 개인적인 폭력으로 아동 학대, 성폭력, 유괴나 인질사건 등의 범죄에 연루된 경험
- 집단적인 폭력으로 전쟁, 테러, 정치적 구금이나 수용소에 구류되는 것
- 대형 화재나 홍수, 산사태 같은 천재지변
- 교통사고를 경험하거나 목격하는 것, 비행기나 기차 사고, 폭

발 등의 근로 재해

• 심장박동 정지, 심각한 화상, 쇼크 등 생명을 위협하는 병을 경

험했을 때

대여섯 살 아이들은 친구들과 게임할 때 규칙을 잘 지킵니다. 그리고 친구가 규칙을 어기면 잘못된 행동으로 여겨 화를 냅니다. 길을 걸으며 가로수 숫자를 센다든지 길에 깔린 블록의 선 부분을 밟지 않는 것은 어린 시절 누구나 경험하는 의식^{ritual}적 행동입니다. 어린 시절 자신만의 의식적 행동을 하거나 어떻게 했을 때 운이 좋아진다고 여기는 특정의식과 미신 같은 것을 따르는 일은 지극히 정상적인 행동입니다

어린 시절 집 밖으로 나가 학교를 가거나 친구들과 어울리는 것은 더없이 즐거운 일이지만 동시에 집 울타리를 넘어 더 넓어진 세

상을 향해 가야 하는 불안감도 느끼게 됩니다. 아이들은 이런 성장 과정에서 겪는 불안감을 해소하려고 여러 가지 버릇을 갖게 되는데 그중 하나가 숫자에 집착하는 것입니다.

의식화한 미신적 행동은 아이들뿐 아니라 어른들에게도 불안감을 해소하는 수단이 됩니다. 행운의 부적을 가지고 다니거나 불운을 의미하는 숫자를 피하거나 하는 행동은 사람들이 불안감을 없애고 안정감을 찾으려는 가장 흔한 시도입니다.

하지만 생각하고 싶지 않은데도 자기도 모르게 계속 같은 생각을 하게 되어 병원을 찾는 사람들도 있습니다. 자신이 끔찍한 병에 걸렸다고 생각하거나 주변이 오염 물질로 가득하다는 끔찍한 생각을 떨어내기 힘들어 병원을 찾는 이들이 있습니다. 공중화장실에 갔다 온 뒤 배설물과 세균에 오염되었다고 걱정하거나 하루에 50통 이상 후천성 면역결핍증(AIDS)과 성병에 관한 상담전화에 매달리는 이들도 있습니다.

A씨는 공무원시험을 준비하느라 도서관에서 공부하는데 진도가 나가지 않아 괴롭습니다. 그는 공부를 하려면 먼저 책이 책상 위에 가지런히 놓여 있는지 확인해야 합니다. 자신이 정한 자리에 공책과 볼펜이 반듯하게 있어야 하고, 공부해야 할 분량도 정해진 대로 준비되어 있어야 하기 때문입니다.

이런 것들이 완벽하게 준비되었어도 또 불안해집니다. 책을 읽다보면 자신이 제대로 이해하지 못한다는 생각에 같은 페이지를 읽고 또 읽다보면 하루가 다 가버리기 때문입니다. 다른 사람들보다 집중력이 떨어진다는 생각이 들면 이런 생각에 매달리느라 공부에 집중하지 못합니다.

문제를 풀 때도 한 문제가 제대로 해결되지 않으면 다른 문제를 풀지 못하기 때문에 제시간에 문제를 다 읽지도 못해서 시험을 망치는 일도 흔합니다.

중학생인 B는 최근 세균에 대한 두려움이 생겼습니다. 화장실 변기나 문손잡이에는 병균이 득실거리기 때문에 절대로 손을 대지 않습니다. 방문도 발로 여닫습니다. 특히 동생이 만진 물건은 모두 세균에 감염되어 있다고 생각해 같이 밥도 먹지 않으려 하고 동생이 옆에 오는 것조차 싫어했습니다.

손을 씻거나 머리를 감는 것도 자신이 정한 횟수만큼 하지 않으면 깨끗해지지 않는다는 생각에 끊임없이 손을 씻고 머리를 감아야 한다는 충동을 느낍니다. 그러다보니 집 안에는 비누와 샴푸가 남아나지 않았습니다.

초등학생인 C는 성적인 생각에 너무 빠져서 부모와 함께 병원을 찾았습니다. 아버지를 비롯해 남자들에게서는 성기만 보이고 여자들에게서는 유방만 보여 괴롭다고 했습니다. 부모는 아이의 증상이 이해되지 않을 뿐 아니라 아이의 성인식에 문제가 있다고 판단해 병원을 찾은 것입니다. 아이는 성적인 생각만 하는 자신이 너무 싫고 또 이 일을 하나님이 알게 되면 큰 벌을 내릴 거라고 두려워했습니다.

아이들이 자신이 원치 않는 성적인 생각을 반복적으로 하는 것은 강박증적 사고에 매달리기 때문입니다. 강박장애는 자신이 조절하지 못하는 강박적인 생각과 행동을 본인의 의지와 상관없이 병적으로 반복하는 것이 특징입니다.

강박장애가 있는 사람들은 자기 생각이나 행동이 논리에 맞지 않는다는 것을 잘 압니다. 그리고 다른 사람들에게 바보같이 보인다는 것을 잘 알기 때문에 수치심을 느껴 증상을 숨기는 경우도 많습니다. 자기 행동을 '바보 같다'고 생각하고 자신이 서서히 '미쳐간다'고 생각하는 이들도 있습니다.

시간이 지나면 강박장애 증상이 자주 변합니다. 한 가지 증상이 없어졌다 싶으면 다른 증상이 나타납니다. 손을 씻는 행동이 변해서 반복해서 체크하는 행동으로 나타나기도 합니다. 어떤 증상이 나타나든 상관없이 인지행동치료와 같은 방식으로 증상을 없애려고 노력해야 합니다.

강박적 사고는 본인은 생각하고 싶지 않은데도 자기도 모르게 계속 같은 생각을 반복적으로 하는 것입니다. 가장 흔히 보이는 강박사고는 오염에 대한 공포인데 세균, 배설물, 신체분비물, 화학물질 등을 아주 싫어하며 이들에 오염되었다고 걱정하는 것입니다.

종교에 얽매인 강박장애 증상이 있으면 자신이 어떤 나쁜 일을 하게 될지도 모른다는 생각을 하게 됩니다. 종교적으로 끊임없이 죄를 짓는다고 믿으며 신에게 불경한 죄에 대해 자신을 벌할 또 다른 방법을 찾으려고도 합니다.

"시험을 완전히 망쳤어요. 처음에는 실수하지 않으려고 꼼꼼하게 읽어나갔는데 어느 순간 반복해서 같은 문장만 읽는 거예요."

결국 시간 안에 문제를 다 풀지 못해 성적이 크게 떨어졌습니다. 강박증으로 문장을 제대로 읽을 수 없어 시험을 망치는 경우도 있습니다. 면접을 볼 때도 너무 당황해서 자신의 좋은 모습을 다 보여주지 못하는 경우가 많습니다.

"저는 아주 어릴 때부터 교회에 다녔는데 요즘 들어 갑자기 하나님에 대한 불경스러운 생각과 욕설이 머릿속에서 맴돌아요. 제 마음을 하나님이 아신다면 제게 큰 벌을 내리실 거예요. 내가 너무 싫고 이 세상까지 원망스러워졌어요."

그래서 한 가지 생각에 몰두하면 멈출 수 없어집니다.

다음과 같은 불편함이 2주 이상 지속된다면 강박증을 의심해야 합니다.

- 병균, 배설물, 먼지 등 더러운 것을 지나치게 걱정한다.
- 손을 자주 씻고 샤워하는 시간이 길어진다.
- 자기나 가족이 해를 입거나 자신이 다른 사람을 해칠 것 같은 상상 때문에 두렵다고 호소한다.
- 가스불, 문단속을 반복적으로 확인한다.
- 일정한 숫자만큼 반복된 행동을 해야 마음이 편하다.
- 죽음에 대해 생각하거나 무서운 생각이 든다.
- 사람이나 물건을 만지고 싶은 마음이 든다.
- 종교적이고 성적인 생각이 반복해서 난다.

얼굴 5
건강염려증

사람들은 불안해지면 두통과 복통, 불면증과 전신 피로감 등과 같은 신체 증상 때문에 내과를 찾아갑니다. 하지만 병원에서 모든 검사를 받아도 원인을 발견하지 못하기 때문에 마지막으로 정신건강의학과를 찾게 되는 경우도 있습니다. 두통이나 복통과 같은 신체 증상을 실제로 느끼지만 그 원인은 몸에 이상이 있는 것이 아니라 불안으로 인한 스트레스 반응으로 아픈 것입니다.

건강염려증이 있으면 신체적인 불편함을 걱정하고 자신이 제대로 하는지 끊임없이 확인하면서도 안심하지 못하는 완벽주의적인 태도를 보입니다. 모든 것에 대해 과도하게 걱정하고 피곤해하며 초조한 모습을 보입니다.

실제로 밤에 제대로 못 자는 경우가 많기 때문에 산만해 보이기도 합니다. 일상생활이나 대인관계에서 지나치게 신중하고 까다롭고 쓸데없는 요구를 많이 하는 사람으로 여겨지기도 합니다. 이런 지나친 완벽한 태도와 자신에 대한 걱정으로 불안이 생기고 그 불안은 스트레스가 되어 두통과 복통으로 나타나는 것입니다.

A씨는 어린 시절 언니와 오빠가 병으로 갑자기 세상을 떠난 후 부모의 과잉보호를 받으며 자랐습니다. 부모는 A씨가 조금만 몸이 아파도 지나칠 정도로 집착하고 병원에 데리고 갔습니다. 그는 자라면서 자신의 건강을 지나치게 챙기기 시작했는데 몸이 조금만 불편해도 유명하다는 병원과 의사를 찾아다니는 것이 일상이 되었습니다.

평소 건강을 생각해서 열심히 운동하고 영양제도 빼놓지 않고 먹는 B씨는 늘 건강에 자신감이 있었습니다. 어느 날 음식을 먹으면 소화가 잘되지 않아 소화에 도움이 된다는 것을 이것저것 모두 해보았지만 나아지지 않았습니다. 텔레비전을 보다가 위암 초기 증상과 자신의 증상이 비슷하다는 생각에 갑자기 자신이 위암에 걸린 것 같다고 느꼈습니다. 그리고 위암으로 유명한 모든 병원과 의사를 찾아 진찰을 받았습니다.

검사 결과 이상이 없다는 대답을 들어도 증상은 사라지지 않았습니다. 큰 대학병원에서도 위 검사, 대장 검사를 모두 받고 이상이 없다고 해도 위장이 꼬이는 통증은 지속되었습니다. 결국 자신이 원인을 찾을 수 없는 불치병에 걸렸다는 생각에 밤잠을 이룰 수 없게 되었습니다.

건강염려증이 있는 사람들은 자기 건강을 지나치게 염려합니다. 병원에서 여러 번 한 검사에서 아무런 이상이 없다고 하는데도 본인은 원인을 알 수 없는 병에 걸렸다고 확신합니다. 검사에서 이상이 없다는 말을 들어도 믿지 못하고 또 다른 병원을 찾아다니는 병원 쇼핑을 합니다. 병에 대한 두려움이 너무 커서 불안해하고 우울해 하고 병에 대한 강박증을 보이기도 합니다.

세계보건기구WHO에 따르면 전 세계 내과환자의 5% 이상이 건강염려증을 보인다고 합니다. 이는 여자와 남자 모두에게 동일한 비율로 나타납니다. 건강염려증이 있는 사람은 위험하지 않은 신체적 불편함을 스스로 잘못 판단하는 경향이 있습니다. 그리고 예전에 좋지 않았던 일이나 주변 사람들이 병에 걸렸던 사실을 쉽게 잊지 못하고 자기 일인 양 항상 기억합니다. 이런 사람들은 다음과 같은 특징도 보입니다.

- 계속해서 신체적 통증을 호소하고 자기 몸에서 심각한 병이 진행되고 있다는 근거 없는 믿음을 가지고 있다.
- 유명하다는 병원을 여기저기 찾아다니며 온갖 검사를 받는다. 하지만 이상이 없다는 결과가 나와도 모두 부인하고 받아들이지 않는다.
- 정상적이며 일반적인 신체 감각을 비정상적으로 해석하는 경우가 많다.
- 자신이 두려워하는 병에 대한 조사를 끊임없이 하면서 특정한 병에 걸렸다고 확신한다.
- 신체적 불편함을 신체적 허약의 신호라 여기고 질병이 진행되고 있다고 본다.

내 아이도
불안장애?

어른이 되어 불안장애나 공황장애가 발병한 경우 어린 시절부터 불안을 경험한 경우가 많습니다. 불안장애를 조기에 발견하고 치료하는 것은 성인들의 공황장애를 예방하는 길이기도 합니다.

엄마와 떨어지면 불안한 아이들(분리불안)

아이들도 어른들처럼 스트레스로 인한 불안장애를 앓을까요? 아이들에게 어른들과 마찬가지로 불안장애가 생길 수 있다는 것을 알게 된 것은 불과 수십 년 전의 일입니다. 아이들은 정상적으로 자라면서 다양한 불안을 경험하지만 그 정도가 너무 심하고 일상생활에 지장을 주게 되면 전문적인 치료를 받아야 하는 '불안장애'를 가지게 된 것으로 봅니다.

불안장애는 어렸을 때부터 반복적으로 과도한 스트레스 상황에 노출된 사람에게 잘 생깁니다. 어린 시절의 가장 큰 스트레스는 무엇일까요? 어린이들에게 가장 큰 스트레스는 엄마와 떨어지는 것입니다. 실제로 엄마와 떨어지는 경험을 한 경우도 있지만 대부분은 엄마와 떨어지지 않을까 하는 불안 때문에 스트레스를 받습니다.

엄마가 아파서 또는 일 때문에 집을 떠날 때도 있지만 부모 사이가 나빠서 엄마가 못 살겠다고 푸념을 늘어놓거나 아이들이 말을 듣지 않으면 집을 나가겠다고 불평을 하는 경우에도 아이들은 심한 스트레스에 노출됩니다.

초등학생인 A는 어느 날 갑자기 학교에 가지 않겠다고 떼를 부렸습니다. 엄마가 학교에 데려다주어도 매 시간 전화를 걸어 엄마의 존재를 확인하고 엄마가 무사히 잘 있는지 확인했습니다. 처음에는 학교에서 좋지 않은 일이 있었는지 걱정하던 부모도 아이가 엄마를 지나치게 걱정한다는 사실을 알게 되었습니다.

엄마가 옆에 있어야 안심하고 떨어져 있을 때는 엄마나 자신에게 나쁜 일이 생길까봐 걱정합니다. 엄마가 갑자기 교통사고를 당하면 어떻게 하나, 엄마가 갑자기 집을 나가버리면 어떻게 하나 하는 생각에 불안해합니다. 혼자 집에 있지 못하며, 잠잘 때도 엄마가 옆에 있어야 안심하고, 엄마와 헤어지는 꿈을 꾸었다며 자다가 일어나 울기도 합니다.

어린 시절 스트레스에 과도하게 노출되면 뇌에 변화가 생긴다는 연구 결과가 있습니다. 이때 변하는 대표적인 뇌 부위가 편도인데, 편도는 어떤 사건을 경험한 뒤 '알람' 기능을 하는 곳입니다. 뱀에 물린 경험이 있는 사람이 밧줄만 봐도 놀라는 것은 편도가 과도하게 활성화해서 비슷한 상황을 위협적으로 받아들이기 때문입니다.

예를 들면 수줍어하고 겁이 많은 아이가 처음 부모 품에서 벗어나 유치원이나 학교에 갈 때 두려워하고 엄마와 떨어지지 않으려는 행동을 잠시 보일 수 있습니다. 하지만 다 큰 아이가 엄마와 떨어지기 두렵다고 자주 학교에 가지 않고, 억지로 보내면 배가 아프다며 조퇴하는 것은 심각한 경우입니다.

부모들은 처음에는 '학교 선생님이 무섭거나 못살게 구는 친구 때문에 그런가?' 생각하지만 애착 대상(대부분 엄마)과 떨어지면 다시는 못 볼 것 같은 두려움에 학교를 가지 못하는 것입니다. 이런 아이들은 설령 학교에 간다 해도 쉬는 시간마다 엄마에게 전화를 걸어 엄마 안부를 확인합니다.

아이들의 분리불안은 부모의 양육 태도 때문에 생기기도 합니다. '분리불안'을 보이는 아이들의 부모는 대개 아이를 과잉보호하거나 아이를 의존적인 성격으로 만드는 경우도 많습니다.

부모 자신이 불안하거나 공황장애를 앓는 경우도 많습니다. 부부싸움 끝에 아이들 앞에서 '죽어버린다'는 말을 자주 할 경우에도 아이들이 불안해집니다. 최근에 친척이 돌아가셨거나 가족 중 누군가 아파서 입원하게 된 경우, 동생이 태어나 엄마의 사랑을 뺏기지는 않을까 하는 걱정이 원인이 되기도 합니다.

"선생님, 아이를 따로 재우면 아이가 아무리 울어도 달래주지 말아야 하나요?"

초보 엄마, 아버지는 심각한 얼굴로 이런 질문을 자주 합니다. 아이의 독립심을 키워주려면 따로 재우면서 절대 안아주지 말아야 한다는 육아서적을 읽었는데 과연 그대로 믿고 실행해도 될지 의구심이 든다고 했습니다.

반면 다른 한편에서는 아이가 두 돌이 되기 전까지는 부모의 보살핌이 절대적이기 때문에 아이를 보육시설에 맡기면 문제가 생긴다고 생각하는 부모도 있습니다. 이 부모들은 요즈음 육아의 키워드인 '애착육아' 서적에 영향을 많이 받았다고 합니다.

이런 상반된 주장이 넘쳐나는 육아법 사이에서 혼란을 느끼는 초보 부모들은 아이를 어떻게 키워야 할지 무척 곤혹스럽다고 호소합니다.

부모와 아이 사이에 끈끈한 정을 통해 형성되는 유대관계인 '애착'은 반세기 전 영국의 정신과의사 존 볼비가 주창한 이론입니다. 애착은 아기가 태어난 후 정상적으로 발달하기 위해서도 꼭 필요할 뿐 아니라 어른이 되어서도 건강한 사회생활을 하는 데 꼭 필요합니다.

애착 형성이 제대로 되지 않은 아이는 자라서 다른 사람을 불신하게 되고 사회생활을 제대로 할 수 있는 기초도 마련되지 않을 뿐 아니라 우울증이나 공포증에 시달릴 수도 있습니다.

애착 형성을 건강하게 하기 위해서는 아이와 신체 접촉을 가능한 한 많이 하면서 자극을 주고 네댓 살이 될 때까지 밤에 함께 자면서 도깨비, 귀신, 괴물에 대한 공포를 느낄 때 즉시 안심시키고 걱정을 덜어주어야 합니다.

버지니아 액슬린은 비지시적 놀이치료(아이와 함께 놀면서 치료자가 이래라저래라 지시하지 않는 것)를 제창한 미국의 소아정신과 의사입니다. 그가 쓴 『딥스』는 다른 병원에서 자폐증으로 진단받았

으나 자신과 함께한 놀이치료를 통해 천재임이 밝혀진 한 소년의 치료과정을 담았습니다. 딥스의 부모는 고학력의 과학자였는데 아이를 어떻게 기를지 몰라 넘쳐나는 장난감과 책으로만 양육했습니다.

딥스의 부모는 아이의 지능발달에 좋다고 생각하는 장난감 속에서 늘 아이가 혼자 놀게 내버려두었습니다. 자기 방에 있는 장난감과 책하고만 놀고 대화하며 자란 아이는 점차 사람에게 관심이 없어졌습니다.

딥스는 액슬린과 놀이치료를 하는 과정에서 자폐증이 아닌 것이 밝혀졌지만 아이가 같이 놀아주는 사람 없이 혼자 장난감 속에서 지내는 것이 얼마나 위험한지를 보여주었습니다.

아이들에게 꼭 필요한 것은 값비싼 장난감이 아닙니다. 가장 필요한 장난감은 부모와 함께 몸을 비비고 뒹굴며 적극적인 스킨십을 하고 따뜻한 엄마 품에서 편안함을 느끼며 부모와 함께 즐거운 시간을 보내는 것입니다. 다음 행동들은 아이가 불안하다는 증거이니 아이를 주의해서 지켜봐야 합니다.

- 새로운 일을 하기를 꺼리고 두려움 때문에 위험을 감수하려 하지 않는다.

- 손톱을 물어뜯고 몸을 앞뒤좌우로 흔든다.
- 테이블 밑에서 다리나 발을 강박적으로 움직이거나 종이를 잘게 찢는다.
- 식욕을 잃고 사소한 일에도 잘 울거나 너무 많이 잔다.
- 공상에 잠겨 오랜 시간 아무것도 하지 않는다.
- 장시간 맡은 일에 매달리지만 결국 끝내지 못한다.
- 부모를 지나치게 걱정한다.

걱정 많은 아이, 이렇게 하면 도움이 된다

준이는 최근 배가 아프고 머리가 아파서 병원에서 치료를 받았지만 나아지지 않았습니다.

"엄마 나 혹시 죽을병에 걸린 걸까요?"
"아니야, 그냥 배가 잠깐 아픈 것뿐이야."

"정말이죠? 나에게 거짓말하는 것 아니죠?"
"그럼. 정말이지."

준이는 몸이 조금만 아파와도 혹시 큰병에 걸린 건 아닌지 걱정하고, 매사에 걱정이 많고 항상 나쁜 일이라도 생기면 어떻게 하나 하는 걱정을 달고 삽니다.

아이들은 두통과 복통, 불면증과 전신의 피로감 등과 같은 신체적 증상 때문에 소아과를 찾습니다. 하지만 병원에서 모든 검사를 받아도 원인을 발견하지 못하는 경우가 많습니다.

이런 아이들은 위에 탈이 나서가 아니라 자신이 병에 걸린 듯하고 주변의 모든 것이 위협적으로 느껴지는 불안 때문에 심한 통증을 느끼는 것입니다.

그럼 아이들은 무엇을 걱정할까요? 대부분 어른들은 아이들이 세상에 대한 걱정과 근심이 없을 것으로 생각합니다. 하지만 모든 아이는 자라면서 불안과 관련된 어려움을 겪습니다. 낯을 가리거나 엄마가 보이지 않으면 울음을 터뜨리는 것은 모든 유아가 보이는 불안증상입니다.

아기가 자라면서 오히려 낯선 사람을 보고 불안을 느끼지 않으면 걱정해야 할 정도로 이런 두려움과 불안은 지극히 정상적인 발달 과정에서 나타나는 것입니다.

아이들은 자라면서 어두움과 귀신, 괴물같이 미지의 두려운 대상을 막연히 느끼고 무서워하게 됩니다. 그리고 큰 소리와 낯선 사람을 두려워합니다. 아이들은 대체로 어둠을 가장 무서워하는데, 어떤 아이들은 침대 밑에 살고 있다고 믿는 무서운 귀신, 도깨비 등 괴물을 무서워합니다.

아이들은 또한 자기 자신이나 부모가 아프거나 죽거나 해서 헤어지는 것도 걱정합니다. 그리고 학교에 들어가면 시험, 학교 성적, 친구관계, 자신의 외모에 대해 걱정합니다.

『침대 아래 괴물들이 살고 있어요』라는 어린이들을 위한 그림책이 있습니다. 침대 아래 살고 있는 귀신, 도깨비, 공룡 등은 매일 밤 침대 아래에서 나와 주인공의 친구가 되어 놀아줍니다. 이런 그림책을 읽고 잠들면 꿈속에서 귀신이나 도깨비가 나타난다 해도 낯설지 않고 두려움도 덜 느끼게 됩니다. 그러면 악몽도 줄어들게 됩니다.

이런 동화책을 읽어주는 것은 실체가 없는 막연한 두려움의 대상을 동화책 속의 도깨비를 보고 대처할 수 있게 도와주는 것으로, 두려움을 해소하는 한 가지 방법이 될 수 있습니다.

보통 아이들은 성장과정에서 일시적으로 다양한 걱정을 보입니다. '자다가 귀신이 나타나 나를 잡아가면 어떻게 하나' '도둑이 들면 어떻게 하나'처럼 각종 사건 사고를 걱정합니다.

아이들은 또한 길을 가다가 넘어져 다치고 피가 나면 어떡하나

하면서 몸이 다치거나 손상되는 것을 걱정합니다. 자연재해에 대한 걱정도 많이 하는 편인데 우리 집에 불이 나면 어떻게 하냐고 걱정하고 전쟁이 일어날 것 같다고 걱정합니다. 자신이나 가족이 죽을병에 걸리지 않을까 하는 질병, 죽음에 대한 걱정도 아이들은 한 번쯤 하고 지나갑니다.

아이들 중 10% 정도는 과도한 두려움과 걱정으로 어려움을 겪습니다. 어린 시절의 이런 과도한 불안이 제대로 해결되지 않으면 자라서 공포증, 공황장애, 과잉불안, 강박장애같이 병적인 불안으로 발전할 수도 있습니다. 따라서 부모는 아이가 과도한 불안을 보이지는 않는지 잘 살펴봐야 합니다.

다음과 같은 아이들이 더 많은 불안감에 시달립니다.

첫째, 정서적으로 예민한 기질로 태어나거나 부모의 예민한 성격을 물려받아 자라면서 걱정을 많이 하는 부모의 행동을 모방하는 경우입니다.

둘째, 부모의 양육 태도가 원인인 경우도 많습니다. 불안장애는 첫아이나 외동에게서 많이 나타나고, 부모의 교육수준이 높은 경우에도 잘 나타납니다. 부모가 아이의 성취 욕구를 지나치게 자극하고 항상 잘하는 데만 관심이 많으면 아이가 잘하는데도 더 잘하도록 아이를 다그칩니다.

셋째, 집중력이 부족하거나 과잉행동 장애가 있는 아이는 늘 실수를 하고 자신감이 떨어지게 됩니다. 실패에 대한 두려움 때문에 불안해지고 다시 집중력이 떨어지는 악순환이 반복되어 불안장애와 집중력 장애를 동시에 겪는 아이들도 있습니다.

넷째, 재난이나 질병 같은 트라우마를 겪은 아이들은 그렇지 않은 아이들에 비해 더 쉽게 불안해합니다. 일어나지도 않은 일에 대해 나쁜 일이 일어날까봐 많이 걱정합니다.

다섯째, 지능이 뛰어난 아이들도 쉽게 불안을 느낍니다. 발달이 지나치게 빠른 아이들은 나이에 걸맞지 않은 많은 지식과 상상력 때문에 걱정이 많아집니다. 이런 아이들은 매사에 예민하게 반응하고 작은 자극도 크게 받아들입니다.

자신을 적당한 불안 상태에 몰아넣는 아이들은 공부나 일의 성취도가 높고 모범적인 경우가 많습니다. 따라서 부모나 주변 어른들은 이런 과잉 성취적 행동을 걱정하기보다는 오히려 그런 태도를 바람직하게 여길 수도 있습니다. 하지만 쓸데없이 지나치게 불안해서 일상생활에 문제가 될 정도면 불안장애는 아닌지 의심해봐야 합니다.

다음 행동들은 아이가 불안하다는 증거이니 아이를 주의해서 지켜봐야 합니다.

- 안절부절못하는 모습을 보이고 짜증을 잘 낸다.
- 쉽게 피곤해하고 집중을 하지 못한다.
- 몸의 근육이 긴장되고 굳어 있다.
- 잠을 잘 못 자거나 사소한 일에도 잘 운다.
- 부모를 지나치게 걱정한다.
- 손톱을 물어뜯고 몸과 다리를 흔들며 반복적인 행동을 한다.
- 새로운 일을 하기를 겁내고 두려움 때문에 위험하다고 생각되는 일은 하지 않는다.

아이를 걱정에서 벗어나게 도와주는 방법은 다음과 같습니다.

첫째, 부모가 자녀를 편안하게 대합니다. 부모는 자녀가 자신감과 안정감을 느낄 수 있게 도와주어야 합니다. 이것은 부모와 자녀 사이에 어느 정도 거리를 유지한다는 것을 의미합니다. 부모가 지나치게 걱정하거나 아이에게 지나치게 동조해서 함께 불안해하는 것은 아이에게 아무런 도움이 되지 않습니다.

부모는 위로의 말로 흥분하고 긴장한 아이 마음을 얼마든지 편하게 해줄 수 있습니다. 엄격한 부모보다는 배려심이 많은 부모가 불안증상을 보이는 아이에게 훨씬 더 도움이 됩니다. 수용적이고 허용적인 훈육도 도움이 됩니다.

둘째, 걱정거리를 발견하고 치우는 연습을 합니다. 불안이란 걱정하고 예감하는 것으로, 상상을 통해 극대화됩니다. 만약 아이의 걱정거리가 주변 환경을 고려할 때 전혀 맞지 않는다면 아이가 걱정하는 일을 같이 해결하려는 노력을 해야 합니다.

아이가 집에 도둑이 들 것 같다고 걱정하면 함께 문단속을 해서 아이를 안심시켜야 합니다. 뉴스에서 강도나 절도 사건을 보도하는 내용을 아이에게 보이지 않도록 조심해야 합니다. 말을 잘 듣지 않는다고 '귀신이 나올 것 같다', '경찰이 잡아간다' 등으로 위협한다면 걱정만 더 키울 뿐입니다.

셋째, 반복해서 아이를 안심시킵니다. 아이들이 걱정을 하면 부모들은 대개 걱정하지 말라고 안심시키는 말을 몇 번 하고는 아이가 걱정하는 말을 반복해서 하고 불안해하면 오히려 짜증을 내고 아이를 나무랍니다.

그러나 부모의 이러한 태도에 아이는 더 불안해하게 되고 더 많은 걱정을 하게 됩니다. 걱정이 많은 아이들은 항상 위험을 과대평가하기 때문에 부모는 반복적으로 안심시키는 말과 행동을 해야 합니다.

넷째, 무서움을 느끼는 상황에서는 항상 부모와 함께 있게 합니다. 방학 기간에 집에서 혼자 지내며 텔레비전에서 귀신영화를 본 뒤 무섭다며 병원을 찾는 아이들이 있습니다. 무서운 영화라면 부모와 함께 보고, 또 그때 느낀 두려움과 걱정을 영화를 본 뒤 말로 표현해서 해결하도록 도와주어야 합니다.

다섯째, 자녀가 두려워하는 상황에는 자녀를 단계적으로 노출시켜야 합니다. 두려움의 대상에 점진적으로 노출시켜 극복하게 만드는 것입니다.

예를 들어 유치원에 가지 않으려는(분리불안을 보이는) 아이는 엄마와 헤어지는 장소를 처음에는 교실 앞에서 시작해 복도 끝, 운동장, 교문 앞 등으로 서서히 줄여가는 것입니다.

여섯째, 호흡으로 긴장을 이완하도록 돕습니다. 걱정이 많아지면 몸속 교감신경이 과도하게 활성화하고 스트레스 호르몬이 과도하게 분비되면서 걱정이 걱정을 낳는 악순환이 계속됩니다. 부모는 아이와 함께 천천히 숨 고르기를 하고 복식호흡을 가르치는 것도 도움이 됩니다.

아이들은 어른에 비해 복식호흡을 더 쉽게 익힐 수 있습니다. 하나에서 다섯까지 천천히 숨을 깊게 들이마시고, 다시 다섯을 세며 편하게 날숨을 하는 것을 아이와 부모가 함께 놀이처럼 해보는 것도 긴장 이완에 도움이 됩니다.

불안장애는 빨리 치료하지 않으면 우울증이 생길 수 있습니다. 불안을 스스로 해소하기 위해 알코올의존증에 빠지는 사람도 있습니다. 이런 경우 치료가 더 어려워지기 때문에 불안, 공황장애는 빨리 치료해야 합니다. 빠른 치료를 위해 뇌의 호르몬이라 불리는 신경전달물질의 균형을 이루도록 약물(항우울제, 항불안제)치료가 필요합니다. 불안장애, 공황장애 초기에는 약물치료 하나만으로도 70% 이상 치료 효과를 보는 것으로 알려져 있습니다.

3장

공황장애와 불안장애,
약물치료는
어떻게 할까

뇌를 알면
보인다

　1900년대 초반, 지그문트 프로이트가 정신분석이론을 바탕으로 무의식에 있는 심리적 문제가 자기도 모르는 사이에 정신장애로 이어진다는 사실을 밝힌 지 100여 년이 지났습니다. 그 덕분에 그간 정신의학도 상당한 발전을 거듭했습니다.

　프로이트는 어릴 때 아이 마음에 큰 상처를 주면 아이가 성인이 되어 정신적인 어려움을 겪게 된다고 주장했습니다. 하지만 뇌 과학과 뇌 영상촬영기술이 발달하면서 정신장애와 관련된 정신분석이론과는 또 다른 새로운 진실이 밝혀졌습니다. 바로 '뇌에 생긴 장애가 정신장애를 일으킨다'는 사실입니다.

지난 100년간의 역사에서 정신의학은 프로이트가 주창한 정신분석치료와 뇌 과학의 발달로 지금도 계속 발전하는 약물치료, 이 두 가지가 가장 중요한 치료법으로 자리 잡았습니다.

그럼 뇌 과학의 발달이 정신의학에 어떤 영향을 미쳤는지 살펴보겠습니다. 지난 40년간 뇌 영상촬영기술은 눈부시게 발전했습니다. 1970년대 초 개발된 이래 병을 진단하고 치료하는 과정에서 가장 많이 사용하는 컴퓨터 단층촬영술^{CT}이 대표적 사례입니다. 핵자기 공명영상술^{MRI}, 단일광전자 방출 컴퓨터 단층촬영술^{SPECT}, 양전자 방출 단층촬영술^{PET} 등을 개발해 살아 있는 뇌를 직접 눈으로 들여다보며 연구한 결과 정신장애에 대한 새로운 정보들을 얻게 되었습니다. 요즘은 정신과적 문제를 진단하고 치료할 때도 뇌 영상촬영기술을 많이 사용합니다.

뇌 과학 분야의 눈부신 발전은 지난 30여 년간 사람들이 문제행동을 하는 근본적인 이유를 밝혀내는 데 성공했습니다. 과거 정신분석이론 중심의 정신장애 연구는 부모의 잘못된 양육 방식이나 어린 시절 받은 마음의 상처로 심리적 고난을 겪는다고 믿었습니다. 그러나 이런 정신분석이론 중심의 정신장애이론에 더해 최근 뇌 과학자와 정신과의사들이 뇌신경을 분석하고 연구한 결과, 뇌의 문제와 정신적 문제의 연관성을 밝혀낸 것입니다.

우리 몸속에서 분비되는 엔도르핀이나 세로토닌 같은 신경전달물질이 뇌신경세포에 영향을 주어 개인의 기분과 감정은 물론이고 행동에도 영향을 준다는 사실도 밝혀냈습니다. 뇌를 직접 들여다봄과 동시에 신경전달물질이 밝혀짐으로써 정신장애에 대해 더잘 이해하게 된 것입니다.

뇌는 우주와 같이 광활한 미지의 영역이지만 뇌 과학자들은 지금까지 많은 신경전달물질을 발견하며 그 비밀을 풀어가고 있습니다. 초기 뇌 과학자들은 태어날 때 만들어진 뇌는 결코 변하지 않는다고 믿었습니다. 교통사고와 같이 외부 충격으로 뇌가 다치는 경우에만 뇌에 장애가 올 거라고 생각한 것입니다.

하지만 뇌 영상촬영기술을 이용해 뇌 내부를 들여다볼 수 있게되면서 이러한 생각이 완전히 바뀌었습니다. 뇌가 어떻게 구성되어 있는지, 어떤 기능을 하는지 좀더 자세히 알아냈을 뿐만 아니라 기존의 가설을 뒤집는 새로운 사실도 발견했습니다. 사람들이 감정과 행동에 기복이 심한 것이 뇌의 영향이라는 사실을 알아낸 것입니다.

다시 말해 뇌 과학자들은 뇌의 특성을 발견해냈고, 이것은 과거정신분석학적 가설에 더해 정서상 문제행동을 더 잘 이해하게 되었다는 점에서 획기적 사건이라고 할 수 있습니다.

이론적으로 만약 아이가 아주 건강한 뇌를 가지고 태어나면 어떠한 환경에도 잘 적응해나갈 뿐만 아니라 불안증이나 우울증 같은 정신질환에도 걸리지 않아야 합니다.

하지만 안타깝게도 모든 사람이 건강한 뇌를 가지고 태어나는 것은 아닙니다. 일부는 선천적으로 또는 외부 충격으로 불안정한 뇌구조를 가지고 있기 때문에 정서나 행동, 정신장애에서 어느 정도 고통을 겪으며 살아갈 수밖에 없습니다. 따라서 과거에는 정신적 문제가 생기면 이를 자신도 어쩔 수 없는 일로 여겼지만 최근에는 뇌 기능 장애 문제로 받아들입니다.

다시 말해 정서나 감정 그리고 이상행동은 불안정한 뇌 상태에서 비롯한다고 보고, 뇌 기능 장애를 더 깊이 이해하면 정신적인 문제를 더욱 합리적으로 해결해나갈 수 있게 됩니다.

뇌에는 수를 헤아릴 수 없을 정도로 신경세포가 많은데 이 세포가 서로 연결되어 전기 신호를 주고받습니다. 이때 전기 신호는 어떤 메시지를 전달하고 사람은 이 메시지에 따라 특정 행동을 하게 됩니다.

하나의 신경세포와 다른 신경세포 사이에서 전기 신호를 전달해주는 연결고리를 '시냅스'라고 하는데, 이 '시냅스'가 신경전달물질을 전달해주기 때문에 각각의 뇌세포가 서로 의사소통을 할 수 있는 것입니다. 따라서 뇌신경세포가 제 기능을 해내려면 시냅스가 중개 역할을 제대로 해야 합니다.

지금까지 신경세포들 사이의 시냅스에서 중개 역할을 하는 100개 이상의 신경전달물질을 알아냈습니다. 콧물을 흘리게 하는 히스타민, 치매와 관련된 아세틸콜린, 평온함과 긴장이완의 신경전달물질인 가바 등이 있습니다. 하지만 그중 세로토닌과 도파민, 노르에피네플린이라는 화학물질이 이상행동이나 정서장애와 관련이 깊은 것으로 알려져 있습니다.

불안장애의 원인은 뇌 속의 불안과 관련된 여러 부위의 신경전달물질의 불균형에서 비롯하는 것으로 여겨집니다. 뇌의 호르몬이라 불리는 신경전달물질이 뇌의 기능이 균형을 이루도록 하는데, 이들의 균형이 깨져 신경전달이 방해받게 되면 불안장애가 생기는 것입니다.

뇌 기능과
신경전달물질

뇌 기능에 관여하는 신경전달물질에는 3가지가 있습니다.

첫째, 세로토닌은 자살 충동을 느끼게 하거나 강박관념과 강박 충동에 관여하는 화학물질로 몸속에 세로토닌이 부족하면 우울증 상과 강박증상이 나타납니다. 따라서 대부분 우울증과 강박증 치료제에는 세로토닌 분비를 촉진하는 성분이 포함되어 있습니다.

둘째, 도파민은 스트레스를 많이 받으면 몸속에서 분비되는 스트레스 호르몬으로 주의력과 기억력을 떨어뜨리고 쾌감과도 관련이 있습니다.

셋째, 노르에피네플린은 불안을 조절하고 뇌를 깨워주는 화학 물질로 주의력과 집중력은 물론 각성이나 공포와도 관련이 깊습니다. 불안장애가 있는 사람은 뇌신경전달물질인 노르에피네플린의 수준이 매우 높게 나타납니다.

노르에피네플린은 스트레스를 받을 때 분비되는 신경전달물질로 여러 가지 신체 증상을 일으키는데 심박 수가 증가하고 손발에 땀이 나며 집중력이 떨어집니다.

사회공포증이 있는 사람의 뇌는 대부분 노르에피네플린은 수치가 높은 반면 세로토닌 수치는 낮게 나타납니다. 불안을 쉽게 느끼는 동물에게 세로토닌을 투여하면 느긋한 태도를 보이는 동물처럼 편안해지는 것을 볼 수 있습니다. 따라서 불안장애에 효과가 있는 항우울제나 항불안 약물은 세로토닌 수치와 노르에피네플린 수치를 조정해주는 것입니다.

뇌 신경전달물질은 약물로도 조정되지만 주변 환경이나 스트레스에 따라 변화가 생기기도 합니다. 특히 뇌가 저항력이 약할 경우 스트레스로 뇌의 화학작용이 크게 변합니다.

물론 모든 사람이 스트레스를 똑같이 받는 것은 아닙니다. 예를 들어 사랑하는 사람과 헤어진 다음 극심한 스트레스를 받아 몸이

쇠약해지거나 우울증에 빠지는 경우도 있지만 말끔하게 정상을
되찾는 사람들도 있습니다.

　뇌는 고정불변한 것이 아니어서 환경과 스트레스에 따라 끊임
없이 적응하고 변합니다. 초고속으로 변하는 현대사회의 환경에
적응해야 하는 현대인의 뇌는 더 많은 스트레스를 받을 수밖에 없
습니다.

약물치료 1
항우울제

많은 항우울제는 불안을 해소하는 효과가 있기 때문에 공황장 애를 비롯해 불안장애의 약물치료에 사용됩니다. 항우울제는 치료 효과가 오래 유지되고 공황발작을 예방하는 효과가 있습니다. 항불안제와 비교할 때 습관성이 없다는 것도 장점입니다.

최근 개발된 항우울제는 세로토닌 재흡수 억제나 노르에피네플린에 작용해 우울증을 치료합니다. 항우울제를 사용할 때는 부작용을 예방하기 위해 소량으로 시작해 첫 2~3주간 서서히 늘려나가야 합니다. 불안증상이 호전된다고 약을 즉시 중단하면 재발되는 경우가 많기 때문에 회복되면 서서히 양을 줄여가야 합니다.

불안에 효과가 있는 항우울제는 최소한 몇 달 동안 매일 복용해야 합니다. 다른 치료법을 시작할 때도 불안과 공황을 일단 조절해야 하기 때문에 약물치료를 함께 하는 것이 바람직합니다. 그만큼 약물 사용의 효과는 크고 뚜렷이 나타납니다.

일단 불안증상이 호전되면 재발을 방지하기 위해 8개월 이상 약물을 유지해야 합니다. 유지기간이 길수록 재발률은 상대적으로 낮아집니다. 약물을 사용할 때 어떤 사람들은 부작용을 걱정합니다. 약물 부작용으로 몸에 해를 입는다고 생각합니다. 하지만 많은 부작용은 우리 몸이 약물 사용에 적응하는 과정에서 나타나는 것으로 몸에 해롭지 않으며 계속 약을 복용하면 사라집니다.

항우울제와 함께 인지행동치료, 호흡치료 같은 치료법을 동시에 실시하면 약물사용 기간이 단축됩니다.

약물치료 2
항불안제

진정제로도 알려진 항불안제는 벤조디아제핀 계열입니다. 공황발작에 처방되는 고효능 신경안정제(알프라졸람)는 효과가 매우 탁월해 수년간 공황발작으로 고통받던 사람들의 증상을 약물복용 하루 만에 사라지게 하기도 합니다.

항불안제는 항우울제에 비해 치료 효과가 바로 나타나 불안을 빠르게 줄여주지만 치료 효과가 상대적으로 짧고 습관성이 있어 전문의의 관리가 필요합니다.

벤조디아제핀을 복용하면 뇌에서 불안을 일으키는 부위에 브레이크를 거는 가바의 기능을 증가시켜 항불안효과를 내는 것으로 알려져 있습니다. 하지만 이 약물을 중단하면 걸려 있던 브레이크가 풀려 다시 불안이 나타나게 됩니다. 약 없이는 다시 불안해지기 때문에 벤조디아제핀 사용을 중단하면 재발하기도 합니다.

이처럼 향정신의약품으로 분류되는 항불안제들은 효과가 큰 만큼 약물에 대한 의존도가 높아지기 때문에 주의해야 합니다. 일단 이 약에 의존하면서 다른 치료법을 시도하지 않는다면 약물사용 기간이 수년간 지속될 수도 있습니다.

하지만 약물에 의존하게 된다는 것이 곧 약물에 중독된다는 뜻은 아닙니다. 많은 사람은 항우울제나 항불안제를 사용하면 중독되어 평생 끊을 수 없을 거라는 두려움을 가지기도 합니다. 약을 수년간 사용해도 약 복용량이 지속적으로 늘어나지 않는 것도 약에 중독되지 않는다는 뜻입니다.

항불안제는 인지행동치료나 호흡치료와 함께 사용하는 경우에는 75% 이상에서 천천히 줄여 끊을 수 있게 됩니다. 약은 한번에 끊지 않고 서서히 줄여가다 중단해야 합니다.

약물 사용 후 15분 안에 효과가 있는 항불안제를 복용하지 않고 주머니에 넣고 다니는 것만으로도 공황증상과 불안을 느끼지 않을 수 있습니다. 효과에 대한 믿음만으로도 치료가 되기 때문입니다.

베타차단제는 시험불안이나 무대공포증, 사회공포증에 동반되는 증상을 완화해줍니다. 베타차단제는 종류가 많으며 가장 많이 사용되는 것은 프로프라놀롤(인데놀)입니다. 불안에 동반된 신체적인 후유증을 완화하는 것이 목적인 경우에는 대개 베타차단제를 처방합니다.

시험불안증에 가장 빈번하게 처방되는 약물도 베타차단제인 인데놀입니다. 인데놀은 고혈압 치료에도 쓰이는 약물로 노르에피네플린 증가로 인한 두통, 복통, 빠른 심장박동, 손발의 발한증에 효과가 빠릅니다.

시험 보기 한 시간 전에 필요한 만큼 투여해도 대개 소량으로 시험 불안에 놀라운 효과를 보이기 때문에 무대공포증과 같은 수행 불안에도 인데놀을 소량 복용하면 불안감이 사라지고 맑은 정신으로 연주할 수 있습니다.

신경전달물질의 균형을 이루도록 작용하는 약물(항우울제, 항불안제)을 복용함으로써 불안장애·공황장애가 치료되며, 약물치료 단독으로 70% 이상 치료 효과를 보는 것으로 알려져 있습니다. 약물치료에 더해 인지행동치료와 호흡치료 등을 병행하면 90% 이상에서 치료 효과를 얻을 수 있습니다.

불안장애의 경우 빨리 치료하지 않으면 우울증이 생길 수 있습니다. 불안을 스스로 해소하기 위해 알코올의존증에 빠지는 사람도 있습니다. 이런 경우 치료하기가 더 어려워지기 때문에 불안장애·공황장애는 빨리 치료해야 합니다.

치료에서 가장 중요한 것은 가족이 환자의 고통을 이해하는 것입니다. 공황장애 환자는 죽음에 대한 또는 심각한 신체 질환에 대한 공포로 엄청난 정신적 고통에 시달리지만 신체검사에서는 별다른 이상이 발견되지 않아 주변 사람들에게 꾀병이나 의지박약으로 오해받기도 합니다.

공황장애 증상은 정신과 상담과 약물 복용으로 며칠 만에 좋아질 수도 있기 때문에 너무 염려하지 않는 게 좋습니다. 오히려 죽을 지도 모른다는 공포심이 병을 악화시키므로 하루빨리 병원을 찾는 게 좋습니다.

공황장애에 가장 효과적인 치료는 약물치료와 함께 스트레스 상황에서 스스로 이완하는 훈련과 호흡훈련을 하는 것입니다.

불안이나 공황증상을 경험하고 나면 다시 그런 고통스러운 경험을 반복하지 않을까 하는 두려움을 가지게 됩니다. 이런 부정적인 생각을 긍정적인 것으로 바꾸고 잘못된 생각에 반박하는 훈련을 하는 것이 인지행동치료입니다. 자기실현적 예언이라는 말처럼 자신에게 반복해서 긍정적인 말을 하면 그대로 이루어집니다. 인지행동치료는 약물치료 후 스스로 증상을 조절할 수 있기 때문에 유지치료로 유용합니다.

4장

인지행동
치료가
효과적이다

긍정적으로
생각하기

물이 반 들어 있는 컵을 보면 사람마다 다른 반응을 보입니다. 물이 '반이나 남았다'고 여기는 사람도 있고 '물이 반밖에 남지 않았다'고 여기는 사람도 있습니다. 불안한 사람들은 '반밖에 남지 않은 물이 곧 사라질 것'이라고 생각하고 두려워합니다.

불안이나 공황을 경험한 사람들은 다시 그런 고통스러운 경험을 반복하지 않을까 두려워합니다. 예를 들어 운전하면서 터널 안에서 가슴이 답답함을 느낀 사람들은 터널을 가까이에서 보기만 해도 가슴이 답답해지는 경험을 합니다.

이런 잘못된 생각(예기불안)과 행동(회피행동)을 알아내고 교정하는 치료가 인지행동치료입니다. 처음에는 약물치료와 병용하다가 점차 약물을 줄여나갑니다. 인지행동치료는 약물치료 후 스스로 증상을 조정할 수 있기 때문에 유지치료로 유용합니다. 증상이 극심하게 나타나는 초기에는 약물치료와 같이 시작합니다.

공황장애를 겪는 사람들은 대개 증상이 갑자기 나타나면 몹시 당황합니다. 가슴이 뛰면 '이러다 심장이 멈춰 죽을 거야'라는 공포심을 느낍니다. 그러다보니 이 공포심 때문에 심장박동이 더 빨라지고, 더 빨라진 심장박동 때문에 더 심한 공포를 느끼는 악순환에 빠집니다.

문제는 한번 공황장애를 경험하고 나면 이런 불안한 생각이 저절로(자동사고) 떠오른다는 것입니다. 이런 잘못된 믿음(가슴이 뛰고 어지러운 것은 내가 곧 죽거나 미치거나 하려는 것이다)을 바꾸는 것이 인지훈련입니다.

공황장애 환자들이 느끼는 신체 증상은 공포심을 유발하는 것이어서 '나는 이러다 죽을 거야' '사람들이 보는 앞에서 쓰러질 거야'라는 비합리적인 생각에 빠집니다. 이와 같은 비합리적인 생각을 좀더 합리적인 생각으로 바꿀 수 있어야 합니다.

생각하는 방식을 바꾸면 정신적인 안정을 찾을 수 있습니다. 부정적인 생각인 '너무 어지러워서 쓰러질 거야'라는 생각이 들

때 이를 '나는 이전에도 어지럽고 구토증을 느꼈지만 한 번도 실제로 기절한 적은 없어' '이 어지러움은 조금만 시간이 지나면 저절로 사라질 거야'라고 긍정적이고 합리적인 생각으로 바꾸는 것입니다.

공황장애의 핵심은 신체 증상에 대한 공포심입니다.

- 내가 느끼는 신체 증상은 일시적인 것이다.
- 공황발작은 뇌 경보장치의 오작동일 뿐이다.
- 신체 증상과 불안을 내가 다스릴 수 있다.
- 지금 느끼는 신체 증상이 실제로 몸에 해로운 것은 아니다.
- 결코 생명에 영향이 없는 정상적인 스트레스 반응이 강화된 것일 뿐이다.
- 불안반응을 느낀다 해도 실제로 나는 육체적으로 건강하다.
- 불안이 지나갈 때까지 나는 기다릴 수 있다.

이런 순서로 공황발작 때 나타나는 여러 증상에 대한 생각을 바꾸는 훈련을 꾸준히 해나가야 합니다. 부정적인 생각을 바꾸기가 쉽지만은 않습니다. 시간을 투자해 꾸준히 합리적으로 생각하는 훈련을 해야 합니다.

시각적
심상요법

신체적으로 이완되어 있는 상태에서 긴장을 풀고 불안을 유발하는 상황을 상상합니다. 무대공포증이 있는 경우 편안한 마음으로 다른 사람들 앞에서 발표하는 자기 모습을 상상하고 생생하게 묘사합니다.

"난 충분히 준비했어. 난 내 능력을 아주 잘 발휘하고 있어"와 같은 긍정적인 혼잣말을 되풀이합니다. 처음에는 발표할 때와 같은 불안을 느끼지만 반복하면 할수록 불안이 줄어들어 편안한 상태가 됩니다.

불안장애에 대한 인지행동치료는 목표가 뚜렷해야 합니다. 걱정하는 것이 무엇인지 파악하고, 자신이 느끼는 두려움에 관해 알아내고, 그 두려움에 맞서 걱정을 없애기 위해 노력해야 합니다.

시각적 심상요법은 두려운 상황에 처한 자신을 상상한 다음 그 두려움을 극복하는 자기 모습을 도출해내는 것입니다. 예를 들어 시험불안증이 심한 아이에게 시험 보는 상황을 상상하게 합니다.

긴장을 풀도록 한 다음 자신이 편안한 마음으로 시험 보는 장면을 상상하도록 하고 "난 충분히 공부했어. 난 내 능력을 충분히 발휘하고 있어" 등과 같은 긍정적인 혼잣말을 반복하게 하는 것입니다. 인지행동치료에 몰입하면 처음에는 실제 시험상황과 똑같은 불안을 느끼지만 반복할수록 자기암시와 불안감소로 편안한 상태가 됩니다.

불안감을 주는 상황을 그 불안감의 강도에 따라 차례로 배열해놓고, 긴장이 완전히 완화된 상태에서 그 상황을 약한 것부터 차례로 상상해봅니다.

어렸을 때 강아지에게 물린 경험이 있어 강아지를 무서워하는 경우 '강아지 사진 보기 → 강아지 영상 보기 → 강아지가 등장하는 영화 보기 → 실제 강아지 보기 → 강아지 만져보기'의 순서로 불안을 완화합니다.

혼잣말과
브레인스토밍

"불안해하면 절대 안 돼"라고 하면 안 됩니다. '반드시 ~해야 한다' 또는 '절대로 ~해서는 안 된다'는 생각은 감정이나 행동을 심하게 억압해 압박감, 죄책감, 분노감을 느끼게 할 수 있기 때문입니다.

"누구나 이런 상황에서는 긴장할 수 있어. 적당한 긴장이나 불안은 일을 더 잘해낼 수 있는 에너지가 되기도 해"라고 스스로 혼잣말을 해봅니다.

불안이나 공포가 찾아올 때는 다음과 같은 긍정적인 자기암시를 시도해봅니다. 이중 특히 효과가 있다고 판단되는 말들은 평소 긴장을 느끼지 않는 상태에서도 연습해보는 것이 좋습니다. 그러면 불안한 상황에 갑자기 부딪힐 때 응용하는 데 도움이 됩니다. 자기실현적 예언이라는 말처럼 자신에게 반복해서 긍정적인 말을 하면 그대로 이루어집니다.

- 나는 내가 할 일을 하는 거야. 나는 어떤 일이 일어나도 견딜 수 있어.
- 심장이 뛴다고 쓰러지지는 않아. 나는 혼자서 일어날 수 있어.
- 불안감 때문에 가슴이 답답한 거야. 심호흡을 하면서 조절할 수 있어.
- 나는 곧 공황에서 벗어나게 될 거야. 이 습관은 곧 사라질 거야.

누구나 걱정되는 상황에 직면하면 문제에 압도당해서 객관적인 시각을 잃기 쉽습니다. 따라서 여러 가지 대처방법을 미리 차분히 생각해둡니다. 걱정되는 상황이 되면 그중 자기 생각에 가장 좋은 방법을 선택합니다.

불안이나 공황에 대한 두려움이 클수록 증상도 더 심하게 느껴집니다. 따라서 증상을 느낄 때 어떤 생각과 판단을 할지 미리 연습해두어야 합니다.

첫째, 호흡곤란을 느낄 때는 '나는 이제 숨이 막혀 곧 질식하고 말 거야'라는 판단 대신 '천천히 숨을 쉰다, 완전히 숨을 내쉬고 천천히 코로 들이쉰다'는 매뉴얼대로 해봅니다.

둘째, 심장이 뛰고 어지러울 때는 '나는 곧 쓰러져 심장마비로 죽게 될 거야'라는 판단 대신 '불안 때문에 자율신경작용으로 어지러운 거야. 공황발작으로 몸이 힘들어도 나는 잘 견디고 곧 회복될 거야, 몸을 조금 움직이면서 기다리면 회복될 거야'라고 스스로에게 지시합니다.

회피하지 않는 행동치료

불안장애에서 보이는 가장 흔한 이상행동 중 하나는 '회피행동'입니다. 불안을 일으키는 상황을 회피한다는 뜻인데 계속 회피만 해서는 같은 상황에서 느끼는 불안을 극복할 수 없습니다. 행동요법은 불안을 더 심하게 하는 이러한 회피행동을 수정해 이상행동을 없애고 동시에 근원적인 불안감을 줄이는 것이 목표입니다.

예를 들면 공포스러운 상황에 의도적으로 조금씩 노출해서 극복하게 하는 것입니다. 이를 자극감응훈련이라고도 합니다. 또한 강박증은 노출과 차단으로 강박사고를 줄일 수 있습니다. 강박사고와 강박행동을 줄이는 여러 가지 행동전략이 있는데, 이들 중 가장 효과적이고 많이 사용하는 방법이 행동치료이고, 그중에도 '노출법'과 '반응차단법'이 효과적입니다.

세균에 오염될 것을 두려워하는 A는 문손잡이도 잡지 않고, 악수를 나누지도 않으며, 하루에 40번도 넘게 손을 씻자 병원을 찾아 인지행동요법을 하기로 결정했습니다.

행동치료를 위해 A에게 먼저 더러워 보이는 문손잡이를 만지도록 한 다음(1단계 노출), 몇 시간 동안 손을 씻지 못하게(2단계 반응방지) 합니다. 일반적으로 치료과정 중 불안이 커지는 경험을 하게 되고, 이런 어려운 자극이나 불안을 스스로 잘 견뎠다는 자신감이 쌓이면서 스스로 증상을 조절하고 줄여나갈 수 있습니다.

노출은 어떤 두려운 대상에 오래 접촉하면 불안이 점차로 줄어든다는 사실에 근거하는 것입니다. 예를 들어 세균에 대한 강박장애가 있는 아이들에게 불안이 사라질 때까지 세균덩어리라고 믿는 물건을 계속 만지게 하는 것입니다. 이렇게 반복적으로 노출되는 동안 불안이 점차 사라지고 결국 접촉을 더는 두려워하지 않게 됩니다.

이러한 노출 기법으로 효과를 거두려면 '반응차단' 기법을 함께 사용해야 합니다. 예를 들면, 세균에 지나치게 집착하는 환자들에게 이에 대한 의식적인 행위인 손 씻기를 금지하는 것입니다. 이 기법은 강박장애가 있는 학생에게 불안과 반응행동 사이의 연관성을 없애도록 합니다. 인지행동치료는 약물치료와 병행할 때 더욱 효과적입니다.

약물복용과 인지행동치료를 함께 하면 강박장애에 대한 치료 효과가 매우 좋은 편입니다. 하지만 재발하는 경우도 많기 때문에 주의해야 하며, 다른 장애와 마찬가지로 강박장애도 조기에 발견해 치료할수록 더 좋은 결과를 얻을 수 있습니다. 증상이 오래 지속될수록 바람직하지 않은 행동은 습관이 되어 치료하기가 어려울 수밖에 없습니다.

노출요법으로
극복하기

　노출요법은 행동요법 중 가장 대표적인 기법입니다. 예를 들면 사회공포증을 겪은 사람들은 과거에 불안을 경험했던 장소나 여러 사람이 있어서 자신을 주시하게 되는 장소나 상황에 노출되는 것을 회피하려 듭니다.

　이러한 회피행동이 처음에는 불안을 없앨 수 있지만 이것이 버릇이 되면 나중에는 오히려 불안 정도가 더 심해질 수밖에 없습니다. 이런 경우 회피행동을 하지 못하게 하고, 그 반대로 두려워하는 상황이나 장소에 맞부딪쳐 노출을 시도하게 합니다.

　처음에는 힘들지만 차차 처음에 자신이 피하려 했던 상황이 생

각처럼 그렇게 두렵지 않고 불안을 느끼는 것이 오히려 줄어든다
는 것을 알게 됩니다. 그렇게 함으로써 회피하는 행동도 줄어들고
두려운 장소에 대한 불안감도 줄어드는 효과를 얻을 수 있습니다.

사회공포증에서 노출요법

  어떤 상황에서 다른 사람에게 웃음거리가 되거나 비판당하고
거부당할까봐 두려워한다면 사회공포증이 있는 것입니다. 이런
경우에는 다른 사람들 앞에서 자신을 드러내 보이는 연습이 필요
합니다.

- 동료들 앞에서 짧은 연설을 해본다.
- 무대공포증이 있다면 다른 사람들 앞에서 더욱 자주 악기를
  연주한다.
- 식사자리에서 얼굴이 빨개진 경험이 있다면 일부러 많은 사
  람과 식사하는 시간을 만든다.
- 모르는 이성에게 다가가 말을 걸어본다.

사실 사회공포증과 같이 두려움을 느끼는 상황에서 도망가려고
하는 데는 많은 에너지가 필요합니다. 그렇다고 회피한다고 해서
심리적 안정감을 얻게 되는 것도 아닙니다. 조심스럽게 조금씩, 때
로는 결단력 있게 이런 불안을 일으키는 상황을 스스로 만들어 대
면하는 시도는 의외로 큰 효과를 거둘 수 있습니다.

불안해지면 온몸의 근육이 긴장합니다. 반대로 근육의 긴장을 줄이면 불안을 줄일 수 있습니다. 감정과 생리 상태가 서로 연결되어 있기 때문입니다. 전신이완법은 근육을 이완해 교감신경계의 활성도를 낮추는 훈련입니다. 근육이완법은 불안과 긴장감을 줄이고 호흡곤란, 가슴 압박감 등 신체 증상을 조절하는 데 매우 효과적입니다. 관절을 중심으로 움직이는 동작으로 단시간에 전신을 이완하는 방법을 소개합니다.

5장

공황장애와
불안장애에
좋은 이완법

어떻게 몸을
이완할까

자기 자신에게 편안하게 대해야 한다

불안장애가 있는 사람들은 얼핏 보면 모범적이고 성실하기 때문에 병원을 늦게 찾는 경우가 많습니다. 이들은 보통 능력이 뛰어나고 사회적으로 성공한 사례도 많습니다. 하지만 이런 성공에 대한 지속적인 압박 때문에 스스로를 불안하게 만들기도 합니다.

자신이 가장 편안하게 느낀 상황을 상상해보거나 가장 편안한 자세를 취해보거나 해서 마음을 이완하는 시간을 마련합니다.

먼저 편한 자세로 누워봅니다.

긴장을 푸는 전신이완법

전신이완법은 근육을 이완해 교감신경계의 활성도를 늦추는 훈련 방법입니다. 불안과 긴장감을 줄여줄 뿐 아니라 심장의 두근거림, 호흡곤란, 가슴 압박감 등의 신체 증상을 조절하는 데 매우 효과적입니다.

전신이완법은 아침, 저녁으로 하루에 10분씩 해도 효과가 있습니다. 전신이완을 하고 나서 자신이 불안감을 느꼈을 때, 특히 통증을 느끼는 부분을 집중적으로 더 자주 이완해주는 것도 도움이 됩니다.

편하게 누운 자세

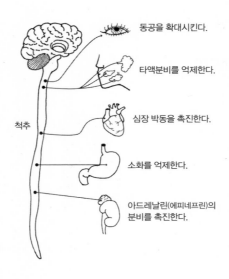

동공을 확대시킨다.

타액분비를 억제한다.

심장 박동을 촉진한다.

척추

소화를 억제한다.

아드레날린(에피네프린)의
분비를 촉진한다.

교감신경계

온몸의 관절을 돌리는 이완법

불안해지면 전신의 근육이 긴장됩니다. 전신의 근육을 이완하기 위해서는 관절을 중심으로 움직이는 동작을 하면 단시간에 전신을 이완할 수 있습니다. 허리, 무릎, 발목의 관절을 천천히 돌립니다. 크게 원을 그린다는 느낌으로 왼쪽 5회, 오른쪽 5회를 돌립니다. 목, 손목, 어깨 순서로 같은 방법으로 좌우로 5회씩 돌립니다.

온몸의 관절을 돌리는 이완법

누워서 하는 전신이완법

편안하게 누워서 전신을 이완합니다. 순서는 머리끝에서 시작해 발끝으로 이완합니다. 전신을 스캔한다는 생각으로 머리끝에서 천천히 이완해 이마, 눈썹, 눈, 코, 입 순서로 천천히 내려오며 그 부위들이 완전히 긴장이 풀리는 것을 느끼면서 합니다.

목, 가슴, 배로 내려오면서 이완하고 골반, 무릎, 다리로 천천히 내려오면서 마지막에는 긴장감이 발을 통해 몸 밖으로 빠져나가는 것을 느껴봅니다. 전신이완법을 실시하면 근육의 긴장을 없애 불안을 누그러뜨리는 효과가 있습니다.

누워서 하는 전신이완법

목 근육, 가슴 근육 전신이완법

공황발작이 오면 가슴에 통증과 압박감을 느끼게 됩니다. 이는 실제로 심장에 이상이 생긴 것이 아니라 목 근육과 가슴 근육의 갑작스러운 긴장과 수축으로 가슴에 통증이 오는 것입니다.

전신이완법을 누워서 할 때 특히 목 근육과 가슴 근육에 더욱 집중해 이완하는 훈련이 필요합니다. 이 부위에 특히 힘을 주고 5초간 가슴 근육을 긴장시킨 뒤 천천히 힘을 빼면서 "편안하다"고 소리를 냅니다.

목 근육, 가슴 근육 이완하기

근육을 더 긴장한 후 이완하기

전신이완요법은 처음부터 힘을 빼고 합니다. 하지만 일단 근육을 더 긴장한 뒤 이완하면 실제로 근육이 더 잘 이완되는 원리에 따라 다음 순서로 해봅니다. 이때는 발끝에서 시작해서 머리로 올라가는 순서로 합니다.

- 발, 다리, 골반 등 근육별로 1에서 5까지 서서히 세면서 근육을 긴장한다.
- 최대한 긴장시킨 상태에서 5까지 세면서 머물러본다.
- 다시 1에서 10까지 세면서 서서히 근육을 이완한다.
- 근육의 긴장을 거의 못 느끼는 상태가 될 때까지 반복한다.

현기증을 느낄 때 하는 움직임 운동(움직임 훈련)

공황발작이 일어나면 현기증을 느끼게 됩니다. 현기증을 느끼면 '이러다가 곧 쓰러질 거야'라는 생각을 하게 되고, 쓰러져 다른 사람들 앞에서 창피를 당하거나 심장이 멈추어 죽게 되거나 할 거라는 걱정이 꼬리를 물게 됩니다.

현기증이나 실신에 대한 두려움을 이겨내려면 긴장 완화보다 움직임 운동이 더 도움이 됩니다.

- 뒤뚱뒤뚱 걷기: 몸의 무게 중심을 완전히 왼쪽에 실었다가 다시 오른쪽에 실었다가 하면서 천천히 걸어본다. 좌우로 5회 한다.
- 몸무게를 발바닥 앞, 뒤로 실어보기: 숨을 들이쉬고 발꿈치를 들고 까치발로 몸무게를 발바닥 앞쪽에 두었다가 숨을 내쉴 때 발꿈치를 내리면서 몸의 무게중심을 발꿈치에 실어본다. 앞뒤로 5회 한다.
- 두 팔을 든 상태에서 앞뒤로 걸어본다.
- 쪼그려 앉아 무릎 굽히기와 무릎 펴기를 5회 한다.

현기증을 느끼면 두 다리로 제대로 서 있을 수 없다는 느낌이 듭니다. 이 동작들은 다리보다 발바닥에 집중하는 것으로 다리를 통해 신체에 안정감을 되찾아줍니다.

잘 먹고 잘 자고
잘 걷기

스트레스를 받으면 아드레날린이 방출되어 근육이 긴장됩니다. 공황발작이 일어났을 때 가슴에 통증을 느끼는 것은 가슴 근육이 긴장하기 때문입니다.

이때는 이리저리 걸어야 합니다. 걷기는 근육의 긴장을 완화 시키는 아주 좋은 방법입니다. 우리가 평소에 할 수 있는 가장 좋은 운동은 걷기입니다.

'걷기 명상'을 할 때와 같이 호흡을 하면서 천천히 걸으면 신체의 스트레스 반응이 완화됩니다. 걸을 때는 어깨와 목의 긴장을 풀고 편안한 마음으로 호흡이 어디서 일어나는지 살펴보면서 걸어야 합니다. 호흡이 목에서 일어나는지 가슴에서 일어나는지 스스로 관찰해야 합니다.

횡격막호흡으로 숨을 쉬면서 아랫배가 들어갔다가 나갔다가 하는 것을 느끼고, 호흡에 집중하며 걷는 것도 긴장 이완에 큰 도움이 됩니다.

불안장애만 있는 경우 치료를 받으면 효과가 좋은 편입니다. 하지만 불안이 오래 지속되면서 합병증으로 다른 불안장애가 생기거나 우울증, 알코올의존, 약물의존으로 병이 더 깊어진 경우에는 치료 효과가 떨어집니다. 따라서 불안장애는 가능한 한 빨리 치료해야 합니다.

불충분한 수면이나 영양 결핍으로도 불안감을 느낄 수 있습니다. 따라서 충분한 수면과 고른 영양 섭취도 중요합니다. 뇌에서 진정작용을 하는 가바나 트립토판이 풍부하게 들어 있는 음식을 섭취하는 것이 좋습니다.

그렇지만 뇌를 자극해서 불안을 유발하는 식품은 반드시 피해야 합니다. 불안한 상태에서는 커피, 홍차 등 카페인이 들어 있는 음식은 줄여야 합니다.

불안을 줄이는 동작들

　불안을 줄이려면 다음과 같은 동작을 해보세요. 마음이 편안해
지는 것을 느낄 수 있습니다.

- 주먹을 꼭 쥐었다가 천천히 편다.
- 눈을 세게 감았다가 살며시 푼다.
- 입을 크게 벌렸다가 입술이 살짝 벌어질 정도로 편하게 푼다.
- 발가락을 무릎 쪽으로 당겼다가 편다.
- 발가락을 아래쪽으로 말았다가 천천히 편다.

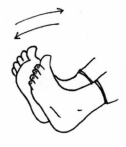

발가락을 무릎 쪽으로 당겼다가 펴기

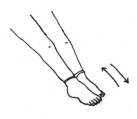

발가락을 아래쪽으로 말았다가 천천히 펴기

근육이완으로
개선하기

근육이완은 긴장을 완화하기 위해 근육을 이완하는 방법입니다. 1938년 미국의 제이콥슨 박사는 점진적인 근육이완법을 처음 소개했습니다. 감정과 생리 상태는 서로 연결되어 있기 때문에 근육이 이완되면 감정에도 영향을 미친다고 본 것입니다. 마음의 불안이 심해지면 온몸의 근육이 긴장하는 반면 신체적으로 근육의 긴장을 줄이면 불안도 줄일 수 있다는 이론에 근거한 것입니다.

근육이완에는 근육을 긴장했다가 다시 이완하는 적극적 근육이완법과 처음부터 근육을 긴장하지 않고 이완하는 소극적 근육이완법이 있습니다.

적극적 근육이완법

적극적 근육이완법은 반복적인 훈련으로 근육의 긴장상태를 이완상태로 바꾸는 것입니다. 적극적 근육이완법에서는 먼저 자신의 근육 긴장도를 느끼는 것이 중요합니다.

이완이 필요한 특정 근육을 일단 최대한 수축하고 긴장을 유지한 상태에서 그 감각을 기억해둡니다. 그리고 다시 근육을 이완하면서 긴장이 사라지는 감각을 느끼는 것에 집중해 근육이완을 스스로 느끼려고 합니다. 이 근육이완법은 매일 5~10분 정도 하는 것이 좋습니다.

혼자서 할 수 있는 점진적 근육이완 기법에는 다음과 같은 것이 있습니다.

어깨 근육의 점진적 이완법

책상 앞에 앉아서 일하는 사람들은 어깨 근육 긴장으로 인한 어깨 통증을 느끼는 경우가 많습니다. 이때 긴장된 어깨 근육을 풀어주려면 일단 어깨 근육을 본인이 느낄 수 있는 만큼 더 강하게 긴장합니다.

어깨 근육 이완법

- 머리는 고정한 상태에서 어깨를 귀 쪽으로 들어 올릴 수 있는 한 최대로 올린 상태에서 10초 동안 유지한다.
- 이때 어깨뿐만 아니라 뒷목, 등, 어깨 주위 근육의 긴장감을 느껴본다.
- 20초 동안 서서히 아래로 어깨를 늘어뜨려 본다.
- 이완되었을 때 시원하고 얼얼해지는 감각에 집중한다.
- 이런 이완된 느낌을 잘 기억한다.
- 이완된 느낌을 간직하면서 천천히 어깨를 앞으로 3회, 뒤로 3회 돌려 마무리한다. 이때 마지막까지 이완된 느낌을 느낀다.

거북목증후군과 목 근육의 점진적 이완법

거북목증후군은 자세가 잘못되어 목, 어깨의 근육과 인대가 늘어나 통증이 생기는 증상을 의미합니다. 평소 낮은 위치에 있는 스마트폰이나 컴퓨터 모니터를 목을 많이 구부리고 내려다보는 사람들에게 많이 발생합니다. 거북이가 목을 뺀 상태와 비슷하다고 해서 거북목증후군이라고 합니다.

스마트폰을 장시간 끼고 사는 사람들이 많아지면서 거북목증후군 증상을 호소하는 사람들도 늘고 있습니다. 머리가 앞으로, 또 아래로 향하는 자세가 계속되면 목과 어깨의 근육뿐만 아니라 척추

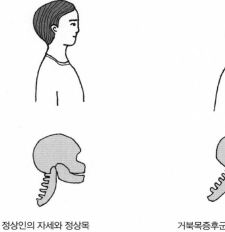

정상인의 자세와 정상목   거북목증후군 환자의 자세와 거북목

에도 무리가 생겨 통증이 생깁니다. 또 허리가 구부러지고 눈은 위로 치켜뜬 상태가 됩니다.

이런 자세가 반복되면 근육이나 뼈가 자동으로 굳고 통증이 생깁니다. 두통이 생기고 쉽게 피곤해지며 불면증이나 어지럼증을 호소하기도 합니다.

거북목증후군 체크리스트

• 옆에서 보면 고개가 어깨보다 앞으로 빠져나와 있다.

• 어깨와 목 주위가 굳어 있다.

• 옆에서 보면 등이 굽어 있다.

• 쉽게 피로하고 두통이 있으며 어지럼증을 느낀다.

• 잠을 자도 피곤하고 불면증이 있다.

거북목증후군을 치료하기 위한 목 근육의 점진적 이완법

• 머리와 등을 의자 등받이에 기대면서 턱을 가슴 쪽으로 붙여 10초간 유지하면서 목 근육을 더 세게 긴장한다.

• 목 뒤쪽의 조이는 듯한 감각이 머리로 퍼져가는 느낌에 집중해 긴장감을 더한다.

• 20초간 서서히 힘을 빼며 머리를 의자 등받이에 편안하게 기

대면서 목 근육의 이완을 느낀다.

- 이런 이완된 느낌을 잘 기억한다.
- 이완된 느낌으로 목을 천천히 좌로 3회, 우로 3회 돌린다.

목 근육 점진적 이완법

복부 근육에 대한 점진적 근육이완법

복부 근육에 대한 근육이완법은 횡격막호흡을 시작하기 전 복부 근육의 감각을 느끼는 데 도움이 많이 됩니다.

- 처음에는 가슴이 아니라 복부를 팽창했다 수축시킨다.
- 복부 부위를 납작하고 단단하게 만들어 복부 근육을 긴장한

후 10초간 유지한다.

- 근육을 긴장한 상태에서는 가슴 근육만 팽창되어 흉식호흡을 하게 된다.
- 복부 근육이 수축된 상태에서 하는 호흡을 잘 기억해둔다.
- 20초간 천천히 배에서 힘을 빼면서 복부 근육을 이완하고 복부 부위를 내민다.
- 복부를 내민 상태에서 아랫배호흡(횡격막호흡)을 해본다. 숨을 내쉬면서 복부 근육이 이완될 때 가슴 근육도 함께 납작해지면서 이완되는 느낌을 느낀다.
- 아랫배호흡을 계속하면서 가슴 근육과 배 근육이 이완되는 느낌을 느껴본다.
- 횡격막호흡을 할 때는 손바닥을 복부에 대면 이완된 느낌을 느끼는 데 도움이 된다.

편안한 자세로 누워 아랫배호흡하기

소극적 근육이완법

　적극적 근육이완법은 일단 근육을 긴장한 뒤에 이완하지만 소극적 근육이완법은 처음부터 근육을 이완하고 같은 자세를 최소한 1분 이상 유지하며 근육 이완을 유도하는 방법입니다.

어깨 근육 이완법
- 두 팔을 하늘을 향해 들어 올린다.
- 위에서 누군가 당긴다는 느낌으로 올린다.
- 팔의 무게를 어깨에 싣는다고 생각하면서 최대한 힘을 뺀다.
- 그 자세를 최소한 1분 이상 유지한다.
- 시간이 지나면서 어깨가 점차 이완되는 느낌을 느낀다.
- 자세를 유지하는 시간이 길어질수록 근육이 이완되는 느낌도 강해지는 것을 느껴본다.

어깨 근육 이완법

목 근육 이완법

· 목을 왼쪽 어깨 방향으로 굽힌다.

· 목 근육에서 최대한 힘을 뺀다.

· 그 자세를 최소한 1분 이상 유지한다.

· 목을 오른쪽 어깨 방향으로 굽히고 힘을 뺀 상태에서 1분 이상 유지한다.

· 시간이 지나면서 목 근육이 점차 이완되는 느낌을 느낀다.

• 자세를 유지하는 시간이 길어질수록 근육이 이완되는 느낌도
  강해지는 것을 느껴본다.

목 근육 이완법

소극적 이완법은 본인이 긴장을 느끼는 근육을 이완하는 어떤
자세로 해도 좋습니다. 몸에서 어떤 근육이 긴장되어 있는지 알아
내 그 부분을 더 긴장한 뒤에 이완하는 적극적 이완법이나 이완된
상태에서 1분 이상 같은 자세를 유지하는 소극적 이완법을 응용하
면 자신만을 위한 점진적 이완기법을 할 수 있게 됩니다.

내가 조절할 수 있는 호흡을 통해 공황증상을 컨트롤하는 것이 호흡요법입니다. 호흡은 내 의지대로 빠른 호흡, 느린 호흡으로 조절할 수 있습니다. 복식호흡이라고 하는 횡격막호흡을 하면 교감신경계의 긴장을 완화해 호흡이 안정됩니다. 횡격막호흡은 불안과 긴장감을 줄여주며 심계항진이나 호흡곤란을 조절하는 데 매우 효과적입니다. 횡격막호흡에 익숙해지면 공황증상은 언제나 호흡으로 조절할 수 있게 됩니다.

6장

공황장애와 불안장애,
호흡치료로
충분하다

횡격막호흡의
비밀

우리는 매일 호흡을 하지만 자신이 호흡한다는 사실을 잊고 삽니다. 하지만 불안이나 공황으로 호흡이 가빠지거나 가슴 통증으로 호흡하기가 답답해지거나 천식이나 다른 폐질환을 앓게 되면 정상적으로 호흡하기가 어려워집니다. 그리고 일상의 편안한 호흡이 얼마나 소중한 것인지 비로소 알게 됩니다.

또한 호흡은 우리 의지대로 조절할 수 있습니다. 위장기관에서 소화를 시키거나 혈액이 순환하게 하거나 맥박을 조절하는 일은 자동화되어 있어 우리가 마음먹은 대로 조절하기 어렵습니다. 하지만 호흡은 빠른 호흡, 느린 호흡으로 스스로 조절할 수 있습니다.

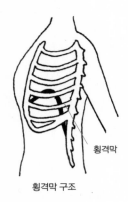

횡격막

횡격막 구조

　내가 조절할 수 있는 호흡을 통해 공황증상을 컨트롤하는 것이
호흡요법입니다.

　호흡에는 크게 흉식호흡과 복식호흡이 있습니다. 흉식호흡은
숨을 마실 때 가슴 부위가 팽창하고 쇄골이 들어가며 어깨가 올라
갑니다.

　반면 복식호흡은 숨을 마실 때 아랫배가 부풀어 오르면서 흉강
과 복강을 나누는 횡격막이 아래로 내려가 결과적으로 폐가 더 큰
호흡을 하도록 돕습니다. 아랫배 호흡을 하려면 횡격막을 더 크게
움직이기 때문에 횡격막호흡이라고도 합니다.

　횡격막은 흉부와 복부 사이에 있는 둥근 돔 모양의 근육막입니
다. 이 근육을 위아래로 움직여 폐를 부풀리는 것을 횡격막호흡이

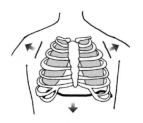

횡격막이 내려갈 때

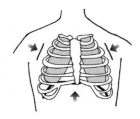

횡격막이 올라갈 때

라고 합니다. 평소에는 횡격막호흡을 느낄 수 없지만 한숨을 쉴 때
는 호흡이 커지는 것을 느낄 수 있습니다. 이렇게 횡격막호흡은 흉
식호흡보다 공기를 3~5배 더 들이마실 수 있는 호흡법입니다.

　횡격막은 '영적인 근육'이라고도 불립니다. 횡격막은 돔 모양으
로 오른쪽이 약간 더 올라가 있습니다. 횡격막호흡에는 가슴 근육
과 복근, 복근 중앙 옆을 가로지르는 복직근과 항문 주변의 항문거
근도 사용됩니다. 따라서 횡격막호흡 자체로도 많은 근육이 움직
이게 됩니다. 그러다보니 근육을 충분히 이완하면서 호흡을 훈련

하면 자세가 교정되는 효과도 있습니다.

횡격막은 아랫배의 복근(중앙 옆을 가로지르는 복직근)이나 크게는 항문 주변의 항문거근에 의해 조절되는데 이들 근육을 이용해 아랫배를 내밀면 횡격막이 아래로 내려가 폐의 부피가 늘어나면서 많은 공기를 마시게 되고, 반대로 아랫배가 수축되면 폐의 부피가 줄어들면서 공기를 내보내게 됩니다.

복식호흡이나 단전호흡은 횡격막 위아래의 움직임을 흉식호흡에 비해 2~3배 더 키울 수 있습니다. 횡격막호흡은 폐가 공기를 더 많이 받아들여 숨을 깊게 들이마시고 내쉬게 해서 몸 곳곳에 산소가 잘 가게 할 뿐 아니라 위와 장을 자극해 소화기능과 대사기능을 촉진하기도 합니다. 이외에도 횡격막호흡의 긍정적인 면을 보여주는 연구가 많습니다.

첫째, 공황장애의 과호흡을 진정합니다. 공황장애나 불안장애가 있으면 얕고 거친 호흡을 자꾸 하게 됩니다. 이런 과호흡 때문에 상대적으로 몸에 이산화탄소가 부족해지면 실신감이나 어지럼증을 느끼게 됩니다. 이때 횡격막호흡을 하면 교감신경계의 긴장을 완화해 체내 이산화탄소 수치가 정상으로 돌아오면서 호흡이 안정됩니다.

둘째, 면역력을 강화합니다. 횡격막호흡은 내장을 자극하고 혈액순환과 면역에 관련되는 림프계의 순환을 도와 결과적으로 몸의 면역력을 강화합니다. 스트레스를 많이 받을수록 면역세포의 활성도도 저하되는데 이때 횡격막호흡이 스트레스를 완화합니다. 카테콜아민, 코르티솔 같은 스트레스 호르몬의 방출을 줄여줌으로써 면역세포의 기능을 높이기도 합니다.

셋째, 고혈압을 줄입니다. 횡격막호흡은 호흡이 비교적 느리고 깊습니다. 횡격막호흡으로 깊고 느린 호흡을 하면 부교감신경계의 활동을 촉진해서 심박동이 느려지고, 수축된 혈관이 늘어나게 되어 고혈압 환자에게 도움이 됩니다.

한 연구에 따르면, 고혈압 환자가 복식호흡 훈련을 하면 혈압이 내려가는 것으로 나타났습니다.

연구팀은 매주 1시간씩 고혈압 환자에게 복식호흡을 가르치고, 40분간 매일 2회 복식호흡을 하도록 교육한 결과 수축기 혈압이 평균 30mmHg 줄었고 이완기 혈압도 평균 15mmHg가 낮아진 것으로 나타났습니다.

넷째, 체지방을 감소시킵니다. 다른 운동은 전혀 하지 않았는데도 복식호흡을 꾸준히 해서 체중이 줄었다는 연구 결과도 있습니다. 복부에 지속적으로 자극을 주어 위장관의 기능을 돕고 신진대사에도 영향을 미치기 때문입니다. 횡격막호흡으로 복압이 높아지면 복강 내의 정맥이나 내장혈관을 적당히 자극해 장의 움직임이 활발해지는 데도 도움이 됩니다.

다섯째, 복압을 높여 내장을 자극합니다. 횡격막호흡을 하면 복압이 생겨 복강 내 장기들을 마사지하는 효과가 생깁니다. 내장의 움직임이 활발해져 소화기능에도 도움이 됩니다. 몸 전체에 산소가 충분히 공급되어 세포의 신진대사가 활발해지고, 그 결과 손발도 따뜻해집니다.

여섯째, 뇌가 건강해집니다. 호흡이 깊어지면 혈중 이산화탄소의 양이 늘면서 뇌 혈류량이 증가하게 됩니다. 따라서 짧고 얕은 호흡인 흉식호흡에 비해 깊은 호흡인 횡격막호흡은 뇌의 혈류량을 늘려 뇌 세포의 활동을 촉진합니다.

호흡
자가진단법

　평소 우리는 자신의 호흡을 의식하지 못합니다. 하지만 숨이 가쁘거나 심부전증이나 폐질환으로 호흡이 자연스럽지 못하면 비로소 자신의 호흡을 돌아보게 됩니다. 횡격막호흡을 하기 전에 먼저 자신이 어떤 호흡을 하는지 살펴보아야 합니다.

　편안히 누워서 왼손은 가슴 위에 놓고 오른손은 배꼽 아래 배 위에 놓습니다. 그리고 몇 분 동안 자연스럽게 호흡을 해봅니다. 숨을 들이쉴 때 왼손이 오른손보다 더 올라가는지 아니면 오른손이 왼손보다 더 올라가는지 살펴봅니다.

흉식호흡을 하는 경우

보통 성인은 대부분 흉식호흡을 합니다. 흉식호흡은 숨을 마실 때 아랫배를 당기면서 가슴을 내미는 호흡입니다. 흉식호흡을 하면 가슴 쪽에 둔 손이 아랫배에 둔 손보다 더 높이 올라갑니다.

호흡을 무의식적으로 하기 때문에 이렇게 손을 대고 만져보지 않으면 자신이 흉식호흡을 한다는 것을 잘 알아차리지 못합니다. 가슴이 답답할 때 평소보다 더 큰 심호흡을 하면 가슴이 시원하게 느껴지는 경우 평소에 흉식호흡을 하는 것입니다.

여성들이 코르셋이나 보정 속옷과 같이 너무 몸에 꽉 끼는 옷을 입어도 흉식호흡을 하게 됩니다. 마르고 배가 들어가야 아름다운 몸매가 된다고 생각하거나 허리를 압박하는 옷차림을 하는 등 서구문화의 영향으로 흉식호흡을 하는 사람이 더 많아진 것은 분명합니다.

역방향호흡

역방향호흡은 복식호흡과 반대로 숨을 들이마실 때 복부가 강하게 수축되면서 흉부가 팽창되고 숨을 내쉴 때는 아랫배가 나오는 호흡입니다. 이때는 호흡량이 매우 적어지지만 무술이나 격투기에서 일시적으로 힘을 증가시키기 위해 사용합니다.

상대방 공격을 방어하기 위해 역방향호흡을 하는 경우가 있습니다. 하지만 평소에도 역호흡을 위주로 호흡한다면 혈압이 오르거나 하는 부작용이 있기 때문에 필요한 경우에만 사용해야 합니다.

복식호흡

복식호흡은 숨을 들이마실 때 복부가 팽창되어 올라오고 내쉴 때 복부가 편안한 상태가 되는 호흡입니다. 들이마실 때 배꼽 위아래가 동시에 부풀어오르는 경우입니다.

누워서 왼손은 가슴 위에 놓고 오른손은 배꼽 아래 배 위에 놓았을 때 오른손이 왼손보다 더 올라가 있는 경우입니다. 복식호흡은 흉식호흡에 비해 훨씬 많은 공기를 들이마실 수 있습니다. 하지만 이보다 더 많은 공기를 마시는 호흡은 횡격막호흡입니다.

횡격막호흡

　사람의 몸 안에는 숨을 쉬는 폐와 맞닿아 있는 횡격막이 있습니다. 우리는 횡격막의 움직임을 느낄 수는 없지만 횡격막은 신체의 복근과 등 근육 등의 수의근을 통해 조절하는 게 가능한 기관입니다. 아랫배가 나오도록 횡격막을 조절해 아래쪽으로 내려가면 자연스럽게 폐활량도 늘어납니다. 횡격막호흡은 이러한 원리로 들이쉬고 내쉬는 호흡의 양을 늘리는 것입니다.

　횡격막호흡은 들이마실 때 아랫배가 충분히 나오게 되면서 횡격막이 아래로 당겨져 하복부뿐 아니라 서혜부와 뒤쪽 등까지 팽창하는 호흡입니다. 숨을 내쉴 때는 아랫배가 수축되면서 횡격막은 다시 올라가게 됩니다.

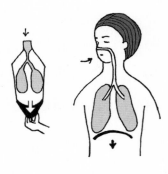  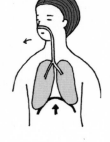

횡격막이 내려갈 때　　　　　　　　　횡격막이 올라갈 때

횡격막호흡은 오래전부터 내려오는 단전호흡의 다른 말입니다. 단전(丹田)은 '열이 나는 밭'이라는 뜻입니다. 우리말로는 단전 부위를 '불두덩'이라고 합니다. 단전호흡을 오래하면 단전에 열기가 나기 때문에 붙은 이름입니다.

단전은 사람의 키에 따라 차이가 있지만 배꼽에서 몸 중심선을 따라 4센티미터 아래, 배꼽 앞에서는 5센티미터 정도 들어간 곳에 있습니다. 단전은 해부학적 관점에서 눈에 보이는 기관은 아니지만 동양의 수련인들이 경험으로 알아 내려온 중요한 부위입니다.

호흡이 잘못된 경우 일반적으로 나타나는 습관들은 다음과 같습니다.

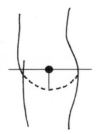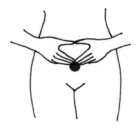

단전의 위치

첫째, 쉽게 피로해집니다. 흉식호흡은 폐의 상부 1/3만으로 호흡하기 때문에 전신으로 산소가 공급되지 않아 쉽게 피로해집니다.

둘째, 호흡이 빠르고 가빠라집니다. 흉식호흡으로 호흡하면 공기 흡입량이 충분하지 않습니다. 그러다보니 흡입량을 보충하기 위해 호흡 횟수가 빨라집니다. 1분에 15회 이상 급하게 숨을 쉰다면 흉식호흡을 하는 것입니다.

셋째, 자주 한숨을 내뱉는 습관이 있습니다. 과도한 호흡을 조정하기 위해 자주 한숨을 쉬는 습관이 생깁니다.

넷째, 목과 어깨가 긴장되고 통증을 느낍니다. 복식호흡은 들이쉬거나 내쉴 때 어깨가 떨어집니다. 어깨와 목의 만성적 통증의 원인이 흉식호흡인 경우도 많습니다.

흉식호흡을 장기간 하면 어깨와 목 근육, 등 근육이 수축되고 쇄골부위는 들어가게 됩니다. 숨을 마실 때 어깨를 들어 올리는 경우가 많아 어깨가 굳어지기도 합니다. 흉식호흡으로 분당 15회 이상 호흡하게 되면 목과 어깨의 근육들은 쉴 틈 없이 일하게 됩니다. 이로써 목과 어깨, 등과 가슴에 만성적인 통증을 느낄 수 있습니다.

다섯째, 목이 자주 쉬거나 목소리가 작아집니다. 흉식호흡을 하면 호흡이 가빠라지고 목과 혀의 근육이 긴장됩니다. 이로 인해 성대도 긴장되어 목소리가 쉬거나 성대를 통해 충분한 공기를 내보내지 못해 큰 소리를 내기 어려워집니다.

성악가들은 이 사실을 잘 알고 있습니다. 그래서 연습할 때 아랫배호흡을 훈련해 발끝에서 손끝까지 온몸을 울림통으로 만듭니다. 그러면 자신이 낼 수 있는 최대한의 성량을 낼 수 있습니다.

여섯째, 정서적인 불안을 느끼게 됩니다. 지속적인 흉식호흡은 교감신경을 자극합니다. 교감신경이 계속 자극을 받으면 마치 주변에 위협적인 일이 생긴 것과 같이 몸이 반응하게 됩니다. 이런 불안함과 초조함이 지속되면 정서장애가 생길 수 있습니다

횡격막호흡
훈련 방법

우리가 재채기나 기침을 할 때는 복부 근육과 허리 근육이 모두 수축해 복부의 압력을 높이게 됩니다. 이렇게 호흡과 근육은 관계가 밀접하지만 예전에는 호흡을 할 때 몸의 근육이 어떤 영향을 미치는지 잘 알지 못했습니다.

하지만 횡격막호흡에 대한 연구를 많이 하면서 호흡에는 복부 근육뿐 아니라 골반 근육과 등 근육의 힘까지 필요하다는 사실을 알게 되었습니다.

따라서 횡격막호흡을 원활하고 충분하게 하려면 준비동작을 해서 신체의 유연성과 탄력성을 키우는 것이 도움이 됩니다. 준비동

작은 심장에서 가장 먼 부위인 발에서 시작해 다리, 허리 순으로 하고 마지막으로 어깨와 목 운동을 하는 것이 바람직합니다.

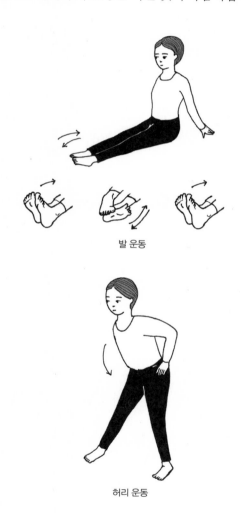

발 운동

허리 운동

어깨 운동으로 어깨 힘 빼기

목 운동

공황장애에 좋은 횡격막호흡 훈련

공황장애 환자의 50~60%에서는 과호흡 증상을 보입니다. 따라서 공황장애 환자들에게 나타나는 과호흡 증상은 횡격막호흡으로 개선할 수 있습니다.

횡격막호흡은 교감신경계의 활성도를 낮추고 불안과 긴장감을 줄이며 심계항진이나 호흡곤란 등의 신체 증상을 조절하는 데 매우 효과적입니다. 따라서 횡격막호흡으로 과호흡이 조절된다고 느껴지면 공황증상은 언제나 조절할 수 있습니다.

횡격막호흡 훈련을 시작하기 전에 먼저 다음과 같은 준비가 필요합니다.

누워서 호흡하기

- 편안한 장소에 눕는다.
- 몸과 마음을 완전히 이완한다. 눈을 감고 평소 가장 편안했던 상황을 떠올린다.
- 머리끝부터 발끝까지 온몸을 스캔하듯이 살피며 이완한다.
- 천천히, 편안하게 왼손은 가슴에 두고 오른손은 아랫배에 두어 오른손이 왼손보다 더 높아지는 횡격막호흡을 실시한다.

누워서 호흡하기

- 호흡 횟수는 처음에는 몸에 맡겨서 자연스럽게 들숨과 날숨을 한다.
- 호흡하는 데 익숙해지면 마음속으로 천천히 숫자를 세면서 해본다.
- 들숨을 할 때 1에서 5까지 세고 날숨을 할 때도 1에서 5까지 세는 식으로 한다.
- 이렇게 하면 1분에 5~6회 호흡이 된다.(일반적으로 보통 사람들은 들숨과 날숨을 한 호흡으로 4~5초 호흡해 1분에 10회 이상 호흡을 한다. 천천히 호흡해 호흡의 길이를 2배로 늘리는 훈련을 하는 것이다.) 호흡이 깊어지면 횡격막의 움직임으로 부교감신경이 작용해 몸이 이완되면서 호흡의 길이도 길어진다.

서서 호흡하기
누워서 하는 횡격막호흡에 익숙해지면 서서 해봅니다. 횡격막호흡을 하기 전에 다리를 어깨 넓이로 벌리고 편안하게 섭니다. 코

서서 호흡하기

로 숨을 깊고 크게 들이마십니다. 입은 다물고 턱은 당깁니다.

　서서 호흡할 때는 꼬리뼈를 중심으로 척추가 바로 세워진 것을 확인합니다. 가슴과 어깨의 힘을 빼서 상체에 힘이 들어가지 않는 자세를 취하는 것이 중요합니다. 들이마실 때는 풍선이 부풀어 오른다는 느낌으로 복부를 부풀리고 내쉴 때는 풍선에 바람이 빠지는 것처럼 복부를 수축합니다.

의자에 앉아서 호흡하기

전통적으로 참선할 때는 가부좌자세나 양반다리자세로 호흡을 합니다. 하지만 입식 생활에 익숙해 가부좌자세가 불편하게 느껴지면 의자에 앉아서 호흡할 수도 있습니다.

의자에는 깊숙이 앉거나 살짝 걸터앉거나 해서 척추가 꼬리뼈를 중심으로 바로 선 자세에서 호흡해야 합니다. 서서 하거나 앉아서 하는 호흡에 익숙해지면 일상생활을 할 때 불안해지고 숨이 가빠지는 느낌이 들 때 바로 실행할 수 있습니다.

횡경막호흡은 천천히 하는 것이 좋습니다. 3초간 크게 숨을 들이쉬고, 2초는 숨을 잠시 멈추었다가 다시 5초간 천천히 숨을 내쉽니다. 머리 뒤에 손깍지를 끼고 숨을 들이쉬며 가슴을 넓게 폈다가 내쉬면서 양 팔꿈치를 앞으로 끌어모으는 동작이나 양팔을 위로 올린 뒤 숨을 내쉬면서 양손을 천천히 내리는 동작을 하면 더 깊게 호흡하는 것을 느낄 수 있습니다.

일반적으로 흉식호흡을 하는 경우 공기가 500cc 정도 폐로 들어오지만 의식적으로 아랫배를 부풀리는 횡격막호흡을 하면 공기를 3~4배 마시고 내쉴 수 있게 됩니다. 한숨을 깊게 쉬는 것과 같아서 이완과 시원함을 동시에 느끼게 됩니다.

횡격막호흡으로 공황장애 개선하기

횡격막호흡이 익숙해지면 매일 10분 이상 2회 실시하도록 계획하고 호흡일지를 작성합니다. 아침에 눈 뜨자마자 10분, 자기 전에 10분 하는 방법으로 자신이 선택한 시간에 맞추어 꾸준히 횡격막호흡을 실시합니다.

횡격막호흡을 할 때 호흡에 얼마나 집중할 수 있는지 그리고 호흡을 얼마나 쉽게 할 수 있는지 호흡의 용이도에 대해 1~5까지 순서를 매기고 기록합니다. 이런 기록과 자기 관찰을 통해 호흡을 스스로 할 동기가 생깁니다.

일단 1주간 작성한 호흡운동 기록표를 보고 자기 호흡을 평가해 보는 것이 좋습니다.

횡격막호흡 실시 기록표 (1~5 점수 매기기)		
날 짜	정신집중도	호흡 용이도
	1 2 3 4 5	1 2 3 4 5

횡격막호흡과
명상

우리는 정보의 홍수 속에서 불안을 느끼며 살아갑니다. 이런 현대인의 불안감을 치유하기 위해 전 세계적으로 명상 열풍이 불고 있습니다.

사람들은 대부분 불확실한 세상에서 '어떤 일이 생기면 항상 최악의 상황을 먼저 생각하는' 불안감을 느끼게 됩니다. 현실을 긍정적으로 해석하기보다는 부정적으로 해석하고 주변 사람과 관계에서 크고 작은 스트레스에 시달립니다. 주변 사람들에 비해 자신을 가치 없다고 여기거나 미래에는 희망이 없다고 생각합니다.

끊임없이 무엇인가를 해내야 한다는 압박감과 1분이라도 아껴

서 최선을 다해 다른 사람에게 뒤처지지 않아야 한다는 강박감에
도 시달립니다.

우리나라는 OECD 국가 중 청소년 자살을 포함해 10년 이상 자
살률 1위를 유지하고 있습니다. 다양한 스트레스에 대한 반응으로
생긴 불안을 다루기 위해 약물의존이나 알코올의존에 빠지기도
하지만 여전히 해결하지 못한 불안감으로 우울해하거나 자살로
이어지기 때문입니다.

명상은 공황장애뿐 아니라 현대인의 불안감을 없애는 데 도움
이 됩니다. 명상은 또한 불안으로 흥분된 교감신경을 안정시키고,
부교감신경을 활성화해 몸의 긴장과 불안감을 없애는 데 도움을
줍니다.

매일 15~30분간 혼자만의 시간을 만들어 명상하는 것은 교감
신경의 긴장을 떨어뜨리고 스트레스 호르몬 수치를 낮추는 효과
가 크기 때문에 스트레스 해소에 큰 도움이 됩니다. 시카고대학에
서 40년간 재직한 미하이 칙센트미하이 교수는 『몰입』이라는 저서
에서 스트레스를 극복하고 각자 행복한 삶을 추구하는 방편으로
몰입을 권합니다.

그는 행복을 실현하는 방법으로 플로(몰입상태, 삼매경이라고도
함)를 소개했습니다. 그는 이 책에서 "행복은 운이 좋아서 오는 것

이 아니다. 돈이나 권력으로 얻을 수 있는 것도 아니다. 행복은 우리가 준비해야 하고 마음속에서 키워나가야 하며 사라지거나 빼앗기지 않도록 스스로 지켜내야 하는 것이다"라고 했습니다.

무용가나 암벽등반가, 바둑선수나 체스선수들이 완전한 집중상태에서 물 흐르듯 에너지가 흘러가고(플로상태) 여유롭고 편안한 마음이 되듯이 정신없이 한 가지에 몰입해 삼매경에 빠져보라고 권합니다. 그리고 태권도나 태극권을 포함한 동양의 무술이나 요가, 기공도 플로의 한 형태라고 소개하면서 동양의 정신문화에 비하면 서양의 정신문화는 어린아이 수준이라고 했습니다.

삼매경은 참선을 통한 명상으로 많은 생각을 잊어버리는 상태에 도달하는 것을 말합니다. 이는 우리 조상이 남겨준 전통수련법에 이미 명상을 통해 플로에 도달할 수 있는 방법이 많이 있다는 뜻입니다.

명상하는 법

• 편안한 자세로 앉는다(가부좌나 결가부좌자세를 취한다). 결가부좌자세는 허리를 바로 세우고 단전호흡을 하는 데 가장 안

피라미드 정좌자세

정적인 자세다.

- 잠깐 좌우로 흔들어본 다음 앞뒤로 흔들어보고, 상체가 엉덩
이와 양 다리 사이에서 균형을 잡고 있는 듯한 느낌이 드는 지
점을 확인한다.

- 허리를 곧게 펴고 앉아서 척추가 머리 무게를 지탱하며 양 무
릎과 엉덩이가 삼각형의 피라미드 모양이 되게 한다. 바르게
앉는 자세로 몸이 피라미드 도형이 되면 마음이 가라앉게 된
다. 이는 참선과 명상에서 가장 중요하게 여기는 자세다.

- 코를 통해 호흡하고 횡격막호흡을 한다.

- 횡격막이 오르내리는 것에 집중하거나 코끝으로 공기가 들어
오는 것에 집중한다.

• 어제의 일이나 내일의 일이 생각나면 잠시 생각을 멈추고 지금 이 순간의 호흡에만 집중한다.

명상하는 시간이 얼마이든 집중과 호흡으로 명상하는 시간을 가지면 명상을 하지 않았을 때보다 몸과 마음이 더 이완됩니다.

우리 전통사상에 '내관'이라는 것이 있습니다. 내관은 자신의 몸과 마음을 차분하게 들여다보는 태도를 말합니다. '나는 내 마음을 잘 다스리고 있는지' '내 마음을 들여다보는' 내관을 하는 것이 바로 명상입니다.

우리말에는 마음을 다스리는 말들이 많습니다. 들뜬 마음을 가라앉히고, 맺힌 마음을 풀어주고, 마음을 늦추어 내려놓고 어루만지는 것입니다. 편안하고 따뜻한 마음을 다스리는 것은 전통적으로 우리 조상이 추구한 삶의 자세였습니다.

우리나라에는 단전호흡에 대한 전통이 있습니다. 성인들은 호흡의 중요성을 잘 알고 있었고 가정마다 자녀에게 단전호흡을 가르치는 가풍도 이어져왔습니다. 호흡을 내쉬고 들이쉬는 음양의 원리로 보았고 정충, 기장, 신명의 원리(단전호흡을 꾸준히 해서 기운을 기르면 머리가 맑아지고 마음도 밝아진다)에 따라 단전호흡을 통해 몸과 마음을 다스리는 법도 알고 있었습니다.

하지만 현대에 들어서는 이런 문화가 거의 단절되고 있습니다. 건강을 바라보는 서양의 의식에 따라 자기 마음을 돌아보기보다는 다양한 운동이나 음식물이나 영양제 섭취를 더 중요하게 여기게 되었습니다.

정신과 육체를 이분하는 서구사상의 영향으로 지금은 몸과 마음을 호흡을 통해 연결하는 고리가 끊어진 상태입니다. 다행히 최근에는 서구를 통해 동양 전통에서 내려온 많은 명상법이 역수입되고 있습니다.

MBSR^{Mindfulness Based Stress Reduction}로 알려진 마음챙김에 기반한 스트레스 감소 프로그램은 현재 전 세계에서 많은 사람에게 도움을 주고 있는 명상법입니다. 이 프로그램의 창시자인 존 카밧진^{Jon Kabat-Zinn} 박사는1974년 미국에서 숭산 스님을 만났고 스님을 통해 한국불교의 간화선을 배웠습니다. MBSR의 뿌리는 한국 전통불교 문화까지 거슬러 올라갑니다.

카밧진 박사는 매사추세츠대 의과대학 명예교수로 불교의 모든 수행에 있는 '마음챙김^{mindfulness}'을 의학 분야에 도입해 만성통증 환자 치료에 불교의 지혜를 응용했습니다.

'마음챙김' 명상뿐 아니라 많은 명상의 핵심은 자기 호흡을 지켜보는 것입니다. 우리 몸의 많은 부분은 자율신경계의 통제 아래 있습니다. 내 의지로 컨트롤되지 않는 영역도 많습니다. 내장기관의 작용이나 심장박동 수는 자신이 조절하는 대로 움직이지 않습니다. 하지만 숨을 쉬는 것은 내가 지켜볼 수 있고 또 느리게 쉬거나 빨리 쉬거나 하면서 스스로 조절할 수 있습니다.

우리는 숨을 쉬지 않고는 살 수 없습니다. 항상 숨을 쉬기 때문에 특별히 주의를 기울여 자율신경을 조절할 수 있는 다른 대상을 찾을 필요가 없는 것입니다.

자신의 호흡이 길고 짧음을 알아차리고 호흡이 거친지 부드러운지 살피는 것으로 몸과 마음의 연결에 대해 많은 것을 알아차릴 수 있습니다. 화가 났을 때는 호흡이 거칠고 짧아집니다. 이때 부드럽고 긴 호흡으로 바꾼다면 이런 호흡관찰을 통해 마음의 평정을 찾을 수 있습니다.

이혼이나 사별, 실직이나 질병 등의 스트레스에 직면하면
불안이나 공황증상은 악화됩니다. 스트레스는 자율신경
계를 교란해 긴장수준을 높여 불안하고 몸이 아프게 느껴
지게 만듭니다. 부정적인 생각에 휩싸이게 합니다.

따라서 이런 일이 실제로 생기지 않았다 해도 준비가 필
요합니다. 평소에 이런 스트레스가 생겼을 때 어떻게 대
처할지 생각해두고 실천하는 연습이 필요합니다.

7장

공황장애와 불안장애,
치유하며
행복하게 사는 법

치료 효과를
유지하려면

우리는 지금까지 공황을 극복하고 해결하는 많은 방법을 알아보았습니다. 이제는 치료법을 유지하기 위해 지속적인 연습 계획을 세워야 합니다.

80/20 규칙이라고 불리는 법칙이 있습니다. 소비자의 20%가 80%의 불평을 제기하고, 20%의 범죄자가 범죄의 80%를 저지르며, 연구 팀의 20%가 새 아이디어의 80%를 낸다고 해서 만들어진 법칙입니다.

이 규칙은 호흡요법에도 적용됩니다. 80/20 규칙의 호흡법은 노력의 첫 20퍼센트가 80퍼센트의 불안을 줄여준다는 뜻입니다.

시작이 반이란 말처럼 처음에는 시도하는 것이 중요하며, 이후에는 지속적인 연습 계획을 세우는 것이 중요합니다.

호흡법 유지하기

호흡은 자율신경계에 의해 조종되지만 한편으로 의지에 의해 조절되기도 합니다. 따라서 불안해서 심장박동 수가 증가하고 혈압이 오른다면 느린 호흡으로 심장박동을 줄일 수 있습니다. 편안한 상태에서 들숨과 날숨이 1분에 8회 정도 되도록 천천히 깊은 호흡을 합니다.

- 횡격막호흡하기: 오른손은 아랫배 위에 올리고 왼손은 가슴 위에 올린다. 올바른 횡격막호흡을 하면 들숨을 할 때 오른손이 왼손보다 더 올라가야 한다.
- 배를 풍선처럼 부풀리기: 아랫배가 풍선처럼 서서히 부풀어 오른다고 상상하며 숨을 들이쉰다. 숨을 내쉴 때는 풍선에서 바람이 서서히 빠진다고 생각한다.
- 양손을 아랫배 위에 올리기: 양손을 아랫배 위에 대고 호흡하

면 손의 무게로 호흡을 더 잘 느낄 수 있다. 숨을 들이쉴 때 배를 살짝 누르면서 압력을 느끼면 횡경막호흡이 더 쉬워지기도 한다.

- 긴장이 심할 때는 날숨을 더 길게 하기: 숨을 들이쉴 때보다 내쉴 때 더 길게 한다.
- 심호흡으로 공황증상 완화하기: 호흡곤란이 와서 숨이 막히는 느낌이 들 때도 '나는 이제 질식해서 죽을 거야'라는 부정적인 생각 대신 '숨을 천천히 쉬고 횡격막호흡으로 조절할 수 있어'라고 자신에게 말하고 천천히 복식호흡을 한다.

인지치료 유지하기

인지치료는 공황장애로 오는 증상을 두려움으로 과대해석하고 부정적인 자기암시를 하는 것을 긍정적으로 변화시키는 것입니다. 불안과 공황은 상황에서 생긴다기보다는 경험상 그 상황에서 느꼈던 감정이 살아나서 생기는 경우가 많습니다. 그러다보니 비슷한 상황을 위험한 것으로 판단하고 믿어버립니다. 그래서 생각을 바꾸는 (인지 재구성) 연습이 필요합니다.

불안과 관련된 자기 사고방식이 어떤지 자신을 살피고 그 생각 자체로 스스로 불안을 만들지는 않는지 돌아봐야 합니다. 자신과 긍정적인 대화를 해서 생각을 바꾸는 연습도 필요합니다. 이때는 짧고 간결하며 긍정적인 말이 필요합니다.

예를 들면 가슴이 조여와서 불안해질 때 "아무 일도 생기지 않을 거야" 대신 "나는 두려움을 견딜 수 있다"라고 해야 합니다. 지하철을 타기 전에 두려움을 느낀다면 "나는 지하철을 편안하게 탈 수 있다"라고 자신에게 말해야 합니다.

불안이나 공황을 느끼는 상황에서도 자신에게 긍정적인 말을 건네는 것이 도움이 됩니다. 갑자기 가슴이 뛰고 혈압이 오르는 것처럼 느껴질 때 '나는 심장마비가 와서 죽게 될 거야'라는 공포를 느끼게 됩니다. 이는 자신에게 부정적으로 지시하는 것입니다.

이럴 경우 '이것은 공황증상일 뿐이야. 가슴이 뛰는 것은 불안해서 생기는 증상이고 가슴이 뛰어서 더 불안해지는 것이야. 나는 이런 증상을 잘 견뎌낼 수 있어'라고 긍정적인 자기지시로 바꾸어야 합니다.

공황을 느끼는 상황에서 다음과 같은 긍정적인 자기암시는 많은 도움이 됩니다.

- 내가 불안을 느끼는 것은 교감신경의 작용일 뿐이다.
- 불안은 위험한 것이 아니다. 나는 이미 많은 불안을 경험하고 견뎌냈다.
- 나는 불안을 받아들이고 견딜 수 있다.
- 머리가 아프고 어지러운 것은 불안 때문이지 몸이 아픈 것은 아니므로 나는 어떤 일이든 할 수 있다.

공황이나 불안을 느낄 때 이런 긍정적인 자기암시를 하면 증상을 이겨내게 할 뿐 아니라 새로운 도전을 하도록 용기를 북돋아주기도 합니다.

이미지 훈련

불안이나 공황을 이기는 이미지 훈련에는 다음과 같이 5단계 훈련이 필요합니다.

첫째, 불안에 맞서는 상상을 한다. 우리 몸은 외부현실뿐 아니라 내면의 상상이나 생각에도 반응합니다. 싸우는 생각을 하면 근육이 긴장되고 휴양지에 가 있는 상상을 하면 몸 근육도 이완됩니다. 두려움을 일으키는 상황을 상상하고 온몸으로 느껴봅니다.

둘째, 긴장을 완화한다. 온몸의 긴장을 풀고 내면에 집중합니다. 바닷가에서 휴가를 즐기거나 등산을 하면서 산속 깊은 곳에서 느끼는 안락함을 느껴봅니다.

셋째, 공황을 느꼈던 상황을 상상 속에서 떠올린다. 실제로 여태껏 느껴왔던 공황증상 중 가장 힘들었던 증상을 떠올리며 상상해봅니다.

넷째, 공황을 극복하는 방법을 상상하고 이 방법으로 성공한 자신을 떠올려본다. 상상 속에서 두려움을 느끼는 상황에 반복해서 부딪히면서 익숙해지려고 합니다. 그리고 긴장을 이완할 수 있는 상상을 두려움을 느끼는 상황에서 느껴봅니다.

다섯째, 자신감을 지속한다. 편안함을 느끼는 상상 장면과 앞으로 발생할 수 있는 공황증상을 오버랩하면서 위협적인 일이 닥쳐도 이에 대한 상상을 완화할 수 있게 됩니다.

이런 성공 경험을 반복해서 하면 현실에서도 불안을 잘 극복할 수 있다는 믿음을 갖게 됩니다.

근육이완훈련

근육이완훈련은 그동안 불안으로 경직되고 부정적이기만 했던 신체적 경험(가슴이 조이거나 머리가 아프거나 힘이 빠지거나)을 긍정적인 것으로 바꾸는 훈련입니다. 이 훈련은 공황발작이 일어났을 때도 지나친 흥분과 긴장을 줄여주는 효과가 있습니다.

점진적 근육이완법

몸의 여러 근육을 10초간 긴장시켰다가 다시 20초간 천천히 완전히 이완시키는 것입니다. 이런 근육의 긴장과 이완을 번갈아 하면 마음의 긴장도 완전히 풀 수 있습니다. 이완하는 시간이 더 길어야 하며 천천히 실행해야 합니다.

편안한 몸 상상하기

상상을 통해 특정 부위의 신체적 느낌을 상상하는 것입니다. 다음과 같은 자기암시 훈련이 필요합니다.

• 내 몸은 중력을 느끼고 이로써 근육이 이완되어 신체가 편안해진다.

- 가슴에 손을 얹고 심장박동 수를 느껴보고 심장박동수가 일정하고 규칙적으로 변한다고 상상한다.
- 느리고 편안한 호흡을 한다.
- 복부는 따뜻하고 머리와 이마는 시원하다는 식으로 자기암시를 한다.

요가나 태극권, 단전호흡훈련

동양의 전통적인 수련인 요가나 태극권, 단전호흡훈련 등도 훌륭한 긴장이완법입니다.

자기감정을 알아채고 다스리기

우리는 매일 감정을 느끼며 살아갑니다. 현실적으로 불쾌한 일을 당하고 기분이 나빠지는 것은 당연하지만 공황에서처럼 갑자기 이유 없는 두려움을 느끼는 것은 병적 불안입니다.

많은 불안과 공포는 이성적으로 설명이 안 되기 때문에 비이성적인 감정에 속합니다. 어떤 감정을 압도적으로 느끼게 되면 사실 그 감정의 힘에 굴복해 다른 방식으로 감정을 표현하게 됩니다.

비이성적인 감정에 대해 사람들은 대부분의 경우 다음과 같이 반응합니다.

- 감정 마비: 외상 후 스트레스 장애에서는 감정이 터져 나오지 않게 감정을 마비시킨다.
- 불확실한 불안: 이것을 극복하지 못한다고 느끼면 강박적인 행동으로 불안을 막는다.
- 극도로 혼란스럽고 불쾌함: 이런 감정을 이겨내기 위해 알코올이나 마약성 물질에 의존한다.
- 갑자기 찾아오는 두려움과 신체적 통증: 특정한 사람에 대한 화나 분노를 억누르면 불쾌한 감정이 자신의 신체적 질병에 대한 두려움으로 변하게 된다. 억눌린 감정으로 '화병'이나 '건강염려증'이 생기게 된다.
- 양가감정(좋기도 하고 싫기도 한) 상태: 한 대상이 나에게 너무 중요해지면 상대에 대해 양가감정을 느끼게 된다. 이럴 경우 솔직하게 자기감정을 표현하기가 어려워지고 감정을 숨기게 된다.

공황장애에서 느끼는 불안은 자신이 이 상황을 지나치게 위험하다고 판단해서 생기는 경우가 많습니다. '증상을 두려워할수록 공황증상이 더 지속된다. 두려움이 사라지면 공황증상도 사라진다'라고 자신에게 말할 필요가 있습니다.

감정은 대인관계상 갈등에서 생겨납니다. 불쾌한 감정이나 슬픈 감정, 다른 사람을 너무 배려해서 솔직하게 표현하지 못하는 감정이 있지 않은지 살펴보고 자신의 감정을 적절히 표현하는 것이 공황장애를 이기는 방법입니다.

일상의 스트레스(위험한 상황)에 대처하기

이혼이나 사별, 실직이나 질병 등의 스트레스에 직면하면 불안이나 공황증상은 악화됩니다. 이런 일들은 일상생활에서 겪는 위험한 상황입니다.

스트레스는 자율신경계를 교란해 긴장수준을 높여 불안하고 몸이 아프게 느껴지게 만듭니다. 또한 부정적인 생각에 휩싸이게 합니다. 따라서 스트레스 상황에서 공황증상이 재발하지 않으려면 준비가 필요합니다.

이런 일이 실제로 생기지 않았다 해도 생길 것을 대비해 준비가 필요합니다. 평소에 이런 스트레스가 생겼을 때 어떻게 대처할지 생각해둡니다

- 속단하기: 나는 공황증상이 재발한 것이 틀림없어.
- 재앙화하기: 이제 곧 가슴이 조여오고 심장이 멈추게 될 거야.
- 회피하기: 불안을 느끼는 상황은 계속 피해야 해.

이런 생각과 행동의 패턴을 다시 밟지 않겠다고 스스로 다짐해야 합니다. 그 대신 자신에게 다음과 같이 말해야 합니다.

"이것은 공황발작일 뿐이야. 시간이 지나면 사라질 거야."

"나는 전에도 이런 경험을 했지만 아무 일도 일어나지 않았어."

"나는 얼마든지 견딜 수 있어."

공황장애가 재발한다면?

공황장애 증상이나 불안증은 언제든 다시 나타날 수 있습니다. 하지만 증상이 나타난다고 공황장애가 더 악화되는 것은 아닙니

다. 오히려 그동안 해왔던 치료법으로 치유시간을 훨씬 더 단축할 수 있습니다.

만약 재발한다면 무엇 때문에 공황증상이 유발되었는지 살펴보고, 그 점을 개선하는 계기로 삼아야 합니다. 운동을 너무 과하게 했는지, 식생활과 수면습관이 바뀌었는지, 일상생활에서 과로했는지 등을 살펴보아야 합니다.

갑자기 공황증상이 나타날 때는 그동안 배운 대로 약물치료, 인지치료, 호흡요법을 다시 하면 됩니다. 재발로 인한 고통의 시간은 이전에 비해 훨씬 단축될 것입니다.

그동안 노력했는데도 공황장애가 재발했다는 것은 치료법들이 효과가 없다는 뜻이 아니라 이런 치료법으로 자신이 공황장애 증상을 더 잘 조절하게 되었다는 뜻으로 받아들여야 합니다.

약물치료는 언제 중단하는가?

약물치료의 중단은 주치의와 상의해서 결정해야 합니다. 약을 완전히 중단할 때까지 어느 정도 시간이 걸리는지는 환자의 증상에 따라 주치의가 판단합니다.

- 항불안제는 천천히 소량씩 줄여나가야 한다. 약은 단번에 끊지 않고 서서히 줄여가는 것이 좋다.

- 일단 약을 끊기로 결정하면 주치의와 날짜를 정하는 것이 좋다. 보통 1개월에서 3개월 전부터 목표일을 잡고 약물 용량을 서서히 줄여가는 것이 좋다.

- 만약 약물 사용을 줄여갈 때 다시 불안증상을 느끼더라도 병이 재발한 것은 아니다.

- 약물 사용을 중단하면 일시적인 금단증상으로 안절부절못해 하거나 불안해질 수도 있다. 이런 경우 1~2주 후에는 증상이 사라지니 지켜보아야 한다.

- 약물치료 중단으로 나타나는 증상은 호흡요법이나 인지요법으로 극복할 수 있다.

- 약물사용을 중단한 뒤에도 신체적 증상을 느낀다면 이 증상으로 생기는 생각을 바꾸어야 한다. 신체 증상으로(심장박동 수 증가 등) 죽거나 정신을 잃게 되거나 하지 않는다는 믿음이 필요하다.

환자 가족이
주의할 일

환자에게 의지로 이겨내라고 강요한다

공황장애 환자들은 공황발작이 찾아오기 전에는 비교적 일상생활을 잘 꾸려갑니다. 그러다보니 공황장애 환자의 가족은 처음에는 공황장애라는 병이 생소하기도 하고 공황장애가 병이라기보다는 의지 문제라고 판단하기가 쉽습니다.

그래서 가족은 마음만 먹으면 환자 자신이 잘 이겨낼 수 있다고 여기기도 합니다. 하지만 이런 태도는 환자에게 좌절감만 안겨주고 공황증상을 오히려 악화해 우울증에 빠지게 할 수도 있습니다.

의지박약으로 생기는 문제다

공황장애는 의지 부족 문제가 아니고 스트레스에 따른 뇌 기능 장애임을 잘 알아야 합니다. 처음에는 자기 증상이 공황장애인지도 모르고 병원을 너무 늦게 찾는 경우도 많습니다. 모든 병이 그렇지만 치료가 늦을수록 치료 기간도 점점 더 길어집니다.

병원에서 다른 많은 사람도 공황장애로 병원을 찾는다는 것을 알게 되면 "나 자신만 힘든 것이 아니다"는 동병상련에 위로를 받을 수도 있습니다.

공황장애는 완전한 치유에 시간이 걸립니다. 환자들의 치료기간은 수년간 지속될 수도 있기 때문에 공황장애가 빨리 치유되기를 바라는 것도 환자에게 부담이 될 수 있습니다.

꾀병이 아닌지 의심한다

갑자기 극도의 불안을 느끼고 스스로 제어하기 힘든 상황에 빠져 어쩔 줄 몰라하는 것이 공황장애 환자의 특징입니다. 그런데 가족이나 가까운 사람들이 보기에 조금 전까지만 해도 아무런 증상을 보이지 않았기 때문에 혹시 꾀병을 부리는 것은 아닌지 의심하는 경우도 있습니다.

공황이라는 말이 보여주듯 급작스럽고 발작과 같이 찾아오는 불안 상태에서 환자는 힘든 시간을 보내게 됩니다. 이런 고통을 가족이 이해하기 힘들어하면 환자의 불안은 더 커질 수밖에 없습니다.

빨리 회복되지 않는다고 여러 병원에서 치료받도록 권한다

공황장애는 정신건강의학과 전문의의 상담과 진단이 필요한 문제입니다. 전형적인 공황장애 증상을 보이는 환자들도 있지만 초기에는 두통과 어지러움 같은 신체 증상을 호소하는 이들도 많습니다. 그러다보니 정확한 병명과 원인을 찾기 위해 여러 병원에서 다양한 검사를 받다가 결국 정신과를 찾는 경우도 흔합니다.

일단 신체적인 통증의 원인이 불안인 것으로 밝혀지면 유명한 병원과 의사를 찾아 이 병원 저 병원 다니는 것은 병을 악화시킬 수 있기 때문에 주의해야 합니다. 자신의 모든 불편함을 숨김없이 밝힐 수 있는 주치의를 정하고 치료 방법과 그 효과를 의논할 수 있어야 합니다.

환자의 치유 노력을 격려해주고 필요할 때 치료법을 함께 해본다

공황장애 환자는 예기치 않은 상황에서 수시로 불안함을 느낍니다. 이때 주변 사람들이 같이 불안해하고 안절부절못한다면 환자의 불안은 더욱 커지게 됩니다. 환자를 안심시키고 환자가 편안한 상태를 상상할 수 있게 도와야 합니다.

"조금만 지나면 이 불안은 사라질 거야. 공황장애로 나쁜 일이 생기지는 않아. 내가 옆에서 도와줄게"와 같은 말로 환자를 진정시키고 안심시킵니다.

평소 근육이완법이나 횡격막호흡 훈련을 환자와 함께 할 수 있으면 환자에게 큰 도움이 될 것입니다.

공황증상이 이해되지 않는다고 환자에게 윽박지르는 것

공황이란 항상 급작스럽게 찾아오는 불안입니다. 잘 지내던 사람이 갑자기 힘들어하면 가족들은 증상을 멈추게 하기 위해 환자를 안심시키기보다는 구박하거나 오히려 화를 내는 경우도 많습니다. 하지만 이런 태도는 환자에게 더욱 불안한 환경을 만들어주기 때문에 공황증상이 더 심해질 뿐입니다.

　가족과 주변 사람들은 환자에게 항상 편안한 분위기를 만들어 주어야 합니다. 환자와 함께 걱정하기보다는 항상 긍정적인 대화를 나누고 절대로 위험한 상황이 닥치지 않는다고 환자를 안심시켜야 합니다.

공황·불안장애
또 다른 치료법

스트레스 다루는 법 배우기

스트레스로 공황장애가 발생하거나 악화되거나 하는 것은 흔한 일입니다. 따라서 평소에 스트레스에 잘 대처하는 법을 알아야 합니다. 먼저 자신에게 스트레스를 일으키는 원인이 무엇인지부터 알아야 합니다.

- 스스로 만든 스트레스: 모든 것을 완벽하게 하려는 태도나 항상 남에게 좋은 평판을 얻기 위해 남을 의식하는 것

- 가족과 배우자로 인한 스트레스: 아이들이 원하는 대로 자라지 않는다고 느끼는 것, 자녀가 부모 말을 듣지 않는다고 생각하는 것, 자식을 완벽하게 키워야 한다고 생각하는 것, 배우자가 이기적이고 나를 사랑하지 않는다고 느끼는 것
- 직장에서 스트레스: 상사와 부하 직원 간의 관계에서 갈등이 생기는 것
- 경제적 스트레스: 친구에 비해 월급이 적다고 생각하거나 사업실적이 나빠지는 것
- 건강상 스트레스: 갑자기 몸을 다치거나 신체적·정신적으로 질병이 생기는 것

이런 스트레스 중 본인에게 가장 큰 스트레스부터 순서대로 적어봅니다. 그리고 스트레스가 큰 순서대로 하나씩 해결해봅니다. 우리는 스트레스 자체를 없앨 수는 없습니다. 하지만 그 상황을 다르게 생각하거나 자신이 통제할 수 있는 상황으로 변화시킬 수는 있습니다. 예측하지 못한 일이 생기거나 그 일을 자신이 컨트롤할 수 없다고 생각하기 때문에 스트레스가 됩니다. 내 뜻대로 되지 않는 일에 대해 자기 통제를 벗어난 일이라는 것을 인정하기만 해도 스트레스 반응은 훨씬 줄어든다는 사실을 알아야 합니다.

스트레스 다루는 법 예시

- 멍 때리는 연습을 한다. 3시간 정도 휴대전화 사용은 물론 졸기나 잠자기를 하지 않고 멍청한 표정으로 지낸다. 이는 효율적인 아이디어와 생각을 만들기 위해서는 '비집중 모드'의 뇌 상태가 도움이 된다는 이론에서 시작한 것이다.

- 공황발작의 위험을 높이는 생각(모든 일을 완벽하게 해내야 한다고 생각하거나 다른 사람의 부탁을 거절하지 못하는 것, 부정적인 감정을 억누르는 것)을 바꾸어야 한다. 다른 사람의 부탁을 거절할 수 있어야 하고 부정적 감정은 억누르기만 할 것이 아니라 적절히 표현한다.

- 일과 중 반드시 10~15분 휴식시간을 만든다.

- 공황장애가 시작되는 신체적·정신적으로 이상한 느낌을 미리 알아차린다. 공황장애를 겪어본 사람들은 공황이 시작될 것 같다는 이상징후를 몸으로 느끼는 경우가 많다. 이때는 미리 휴식을 취하거나 하던 일을 중단해서 공황발작이 시작되지 않도록 해야 한다.

정신치료는 언제 필요한가

공황장애를 비롯한 불안장애에는, 이 책에서 소개한 치료법이 가장 효과적입니다. 하지만 공황장애가 이런 치료에도 만족스럽게 해결되지 못했다고 판단되면 정신과 상담을 받을 수 있습니다.

지속되는 불안의 배경을 밝히기 위해서는 어린 시절을 비롯해서 트라우마 사건이 있었는지 정신과 상담으로 살펴봐야 합니다. 특히 '외상 후 스트레스 장애'의 경우 본인이 억압하고 인식하지 못하는 외상이 무엇인지 밝히는 것이 문제 해결에 도움이 됩니다.

입원치료는 언제 필요한가

증상이 심해 일상생활을 해내기 힘들 정도가 되면 입원치료도 고려해야 합니다. 드물지만 직업적으로 전혀 일을 할 수 없을 정도로 심한 경우에는 입원이 필요합니다.

일상 상황에서 벗어나 안정된 공간에서 지내는 것이 도움이 된다고 판단되는 경우에도 입원치료가 도움이 됩니다. 입원해서 환경을 바꾸면 공황을 악화하는 압박감도 줄어듭니다.

도움이 되는 음식

공황장애나 불안장애가 있는 경우에는 평소 음식 섭취에 신경을 써야 합니다. 술이나 카페인은 공황발작을 조장하기 때문에 지나치게 섭취해서는 안 됩니다. 특히 불안하거나 우울해진다고 알코올을 섭취하면 처음에는 불안증상이 진정되는 것처럼 느껴지지만 결국 더 큰 불안증상이 찾아오기 때문에 주의해야 합니다.

우리 몸의 혈당 수치는 너무 높거나 낮아도 불안을 일으킬 수 있습니다. 따라서 스트레스로 식욕이 떨어지더라도 소화가 잘되는 음식으로 소량을 규칙적으로 먹어야 합니다.

스트레스를 받는다고 지나치게 단 음식을 많이 섭취하면 신체의 당을 조절하기 위해 분비되는 인슐린의 작용으로 더 불안해질 수 있으니 지나치게 단 음식을 많이 먹지 않아야 합니다.

공황장애와 다른 정신과 문제

다양한 치료적 노력에도 지속적으로 불안을 호소하는 경우 다른 정신적 질병이 있는지 살펴봐야 합니다. 편집증이나 조현병의 경우에도 피해의식으로 인한 불안이 생길 수 있습니다. 이런 경우에는 사고 장애로 인한 불안이기 때문에 치료 방향이 완전히 달라집니다.

수년간 지속적으로 불안을 호소하는 사람들 중에는 성격장애인 경우도 있습니다. 성격적인 문제로 주변 사람들의 거절을 끊임없이 걱정하거나 자신감이 부족하거나 다른 사람에게 지나치게 의존적인 사람들은 성격 때문에 불안을 느낍니다.

성격문제로 발생한 불안 역시 일반적인 불안장애나 공황장애로 치료되지 않기 때문에 성격장애에 대한 치료를 고려해야 합니다.

인터넷상 정보는 도움이 되는가

몇 년 전만 해도 공황장애 환자들은 자신의 정확한 병명을 찾기 위해 여러 병원을 찾아다니고 많은 검사를 받아야 했습니다. 신체 검사에서는 아무런 이상이 없다는 평가를 받고 수년간 자신이 이름을 알 수 없는 불치병에 걸렸다고 판단해 고통받는 경우도 많았습니다.

최근에는 공황장애의 증상과 치료법에 대한 많은 정보를 인터넷으로 쉽게 알 수 있습니다. 그래서 정신의학과 진료를 더 쉽게 받게 되며 치료받고 회복되는 기간도 훨씬 줄어들었습니다.

하지만 불안증상에 대해 스스로 평가해 진단을 내리거나 인터넷상 치료법을 무조건 신봉하는 것은 위험한 일입니다. 무엇보다 정신건강의학과 전문의에게 정확한 진단을 받는 것이 치료의 시작입니다.

■ 독자 여러분의 소중한 원고를 기다립니다

메이트북스는 독자 여러분의 소중한 원고를 기다리고 있습니다. 집필을 끝냈거나 집필중인 원고가 있으신 분은 khg0109@hanmail.net으로 원고의 간단한 기획의도와 개요, 연락처 등과 함께 보내주시면 최대한 빨리 검토한 후에 연락드리겠습니다. 머뭇거리지 마시고 언제라도 메이트북스의 문을 두드리시면 반갑게 맞이하겠습니다.

■ 메이트북스 SNS는 보물창고입니다

메이트북스 홈페이지 www.matebooks.co.kr

책에 대한 칼럼 및 신간정보, 베스트셀러 및 스테디셀러 정보뿐만 아니라 저자의 인터뷰 및 책 소개 동영상을 보실 수 있습니다.

메이트북스 유튜브 bit.ly/2qXrcUb

활발하게 업로드되는 저자의 인터뷰, 책 소개 동영상을 통해 책에서는 접할 수 없었던 입체적인 정보들을 경험하실 수 있습니다.

메이트북스 블로그 blog.naver.com/1n1media

1분 전문가 칼럼, 화제의 책, 화제의 동영상 등 독자 여러분을 위해 다양한 콘텐츠를 매일 올리고 있습니다.

메이트북스 네이버 포스트 post.naver.com/1n1media

도서 내용을 재구성해 만든 블로그형, 카드뉴스형 포스트를 통해 유익하고 통찰력 있는 정보들을 경험하실 수 있습니다.

STEP 1. 네이버 검색창 옆의 카메라 모양 아이콘을 누르세요.   STEP 2. 스마트렌즈를 통해 각 QR코드를 스캔하시면 됩니다. STEP 3. 팝업창을 누르시면 메이트북스의 SNS가 나옵니다.